新形态
国际分工与国际经济失衡研究

胡超 著

A STUDY ON THE RELATION BETWEEN THE NEW
INTERNATIONAL LABOR DIVISION AND GLOBAL ECONOMY IMBALANCE

图书在版编目（CIP）数据

新形态国际分工与国际经济失衡研究/胡超著.—北京：经济管理出版社，2012.7
ISBN 978-7-5096-1942-1

Ⅰ.①新… Ⅱ.①胡… Ⅲ.①国际分工—研究 ②国际经济—经济失衡—研究
Ⅳ.①F114.1 ②F113

中国版本图书馆 CIP 数据核字（2012）第 107911 号

组稿编辑：何　蒂
责任编辑：杜　菲
责任印制：黄　铄
责任校对：曹　平

出版发行：经济管理出版社
（北京市海淀区北蜂窝 8 号中雅大厦 A 座 11 层　100038）
网　　址：www.E-mp.com.cn
电　　话：(010) 51915602
印　　刷：北京银祥印刷厂
经　　销：新华书店
开　　本：720mm×1000mm/16
印　　张：12.75
字　　数：202 千字
版　　次：2012 年 10 月第 1 版　2012 年 10 月第 1 次印刷
书　　号：ISBN 978-7-5096-1942-1
定　　价：42.00 元

·版权所有　翻印必究·
凡购本社图书，如有印装错误，由本社读者服务部负责调换。
联系地址：北京阜外月坛北小街 2 号
电　话：(010) 68022974　　邮编：100836

序

  2007年以来爆发的一连串危机，包括次贷危机、全球金融危机、欧债危机、美债危机，或多或少都与全球经济失衡有关。所谓全球经济失衡，主要是指以美国为首的一些欧美发达国家出现的经常项目赤字庞大，债务增长过快，而中国和东亚的一些新兴市场国家出现大量国际收支盈余，外汇储备急剧膨胀这一现象。围绕国际经济失衡的原因，学界从不同的视角展开了研究。从结构性失衡的角度看，经常项目赤字的国家往往具有发达的金融市场，服务业占国民经济的比重高，经济结构呈现"软"化趋势；经常项目盈余的国家则具有制造业较发达，制造业占国民经济比重较高的特点。这表明国际经济失衡与一种新的国际分工形态有关，这种分工形态即服务业与制造业尤其是欧美的服务业与东亚的制造业之间的国际分工。

  尽管这种新型分工尚未成为国际分工的主流，但其对世界经济的影响却已十分深远。在过去的一段时间里，这种新形态国际分工形成了一种紧密的互补结构：中国和东亚的出口制造业依赖欧美的消费进口，而欧美国家利用其服务业尤其是金融市场的优势不仅从中国和东亚进口制成品来满足国内的过度消费需求，而且为其"寅吃卯粮"获得了融资。较长时期内，全球经济靠这种"互补结构"的确取得了显著的增长，但世界经济失衡也终于积累至要靠经济危机来强制消弭的程度。因此，厘清新形态国际分工与国际经济失衡的相互关系和影响，是从源头上实现全球经济再平衡的需要，也是我国调整产业结构，转变经济发展方式的需要。

  呈现在读者面前的这部著作，在梳理国内外相关研究的基础上，采用理论分析和经验研究相结合的方法，对新形态国际分工形成的动因，及其对国际经济失衡的影响机制和影响程度进行了系统的分析。作者认为，作为全球化过程中市场自发选择的结果，新形态国际分工的形成有其合理的方面。首先，新形态国际分工形成的动因在于全球化背景下，先进国家与后进国家产业结构演进的梯次性；其次，各国要素禀赋的不同，尤其是制度环境和文化禀赋的差异是新形态国际分工形成的要素基础；最后，国际生产组织的创新尤其是全球价值链分工为新形态国际分工提供了组织基础。与传统的国际分工形态相比，新形态国际分工之所以会引发严重的国际经济失衡，主要在于制成品与服务品可贸易性的差异、货物贸易与服务贸易自由化进程的非对称性、分工国之间及其内部居民收入分配差距的持续拉大、以美元为中心的国际货币体系的内在缺陷，等等。实证检验的结果表明，相对于其他因素，新形态国际分工对国际经济失衡具有更为显著的影响。

可以认为，该书的研究是从一个全新的视角对国际经济失衡原因的探索，它能够增进我们对国际经济失衡更为全面的认识。同时，对新形态国际分工动因的探讨，可以更深刻地认识国际分工演进的基本规律，认清后危机时代中国产业结构调整的方向，进而为经济发展方式的转变提供理论自觉。

这本著作展现了作者在学术研究中对热点问题的把握和敢于创新的勇气。当前，国际经济危机一波未平，一波又起，未来世界经济的发展仍然扑朔迷离。新形态国际分工将会如何演进，其对世界经济的影响又将如何？都是值得我们继续关注和深入研究的问题。该书的后续研究仍然存在巨大的空间，希望作者能在学术征途上再接再厉，不断求新、求精、求进。

张　捷
2012 年初春于暨南园

前　言

　　国际经济失衡被认为是导致百年一遇经济危机的重要原因，探求失衡的原因便成为治理失衡和走出危机阴霾的关键。现有文献已从不同的角度，如汇率及汇率制度、财政赤字、金融效率差异以及产品内分工等进行了较为详细的研究，但并不能完全解释此次国际经济失衡所表现出的若干事实特征。因此，基于全球经济一体化不断深入推进的背景，通过对当代国际分工演进的历程及特征的归纳梳理，本书提出了从"服务—制造"新形态国际分工的视角来理解此次长期的、结构型的国际经济失衡。

　　自产业革命和机器大生产建立至今，从分工的产业领域和形态看，国际分工先后经历了传统产业间的工业与农业间的分工、同一产业内各产品部门间的分工、同一产品内部不同价值链增值环节的分工以及服务业与制造业之间的新形态国际分工四种形态。产业结构演进的差异、要素禀赋的不同以及国际生产组织的创新等是国际分工演进过程中逐步从价值链分工过渡到"服务—制造"新形态分工的重要动因（基础）。尤其是无形要素在服务业和制造业高附加值中间投入品生产中所发挥的作用越来越明显，文化禀赋和制度环境禀赋差异成为新形态国际分工演进的重要基础。日本、德国之所以在制造品出口贸易方面"常青"，其文化禀赋较好地适应了制造业的发展是一重要原因。以服务贸易出口显示性比较优势指数（RCA）作为新形态国际分工的度量指标，利用2005年跨国截面数据的实证检验表明，无论是最小二乘估计法（OLS），还是考虑了制度环境内生问题的工具变量法（IV），制度环境均对服务贸易出口RCA有着显著的影响。同时，制度环境"糟糕"的国家，制度环境对服务贸易出口RCA的影响更大。

"服务—制造"新形态国际分工导致国际经济失衡的机制在于：服务贸易和货物贸易开放的非对称性，即服务贸易的开放度远远不及货物贸易的开放度；"服务"国家收入分配差距过大所导致的经济虚拟化和过度消费，"制造"国家收入分配差距过大所带来的内需不足和生产相对过剩以及当前以美元为霸权的国际货币体系的内在缺陷所提供的制度因素等。无论是利用跨国截面数据，还是中美贸易失衡的时间序列数据，采用各类度量"服务—制造"分工指标的实证检验均表明，新形态国际分工能够在很大程度上解释此次长期的、结构性的失衡，才是此次百年一遇经济危机的主要原因，而并非西方国家所鼓吹的汇率操纵等问题。

针对后危机时代国际分工模式可能进一步出现新的变化趋势及对中国未来经济发展所产生的影响，结合中国正面临的经济结构调整，发展方式转变等现实迫切需求，根据研究结论和启示，本书就此提出了相应的政策建议。

目 录

第一章 导言 1
    一、研究动因：日益严重的国际经济失衡 1
    二、主要结论 8
    三、内容结构安排 13

第二章 有关国际经济失衡解释的文献述评 17
    一、汇率及汇率制度与国际经济失衡 17
    二、财政赤字与国际经济失衡 22
    三、金融效率与国际经济失衡 27
    四、国际分工与国际经济失衡 32
    五、本章小结及本书分析视角 34

第三章 当代国际分工演进的历程及特征 37
    一、传统产业间分工——工业制成品与农矿业之间的分工 38
    二、产业内分工——同一产业内各产品部门之间的分工 39
    三、价值链分工——同一产品内不同价值链增值环节的分工 43
    四、现代产业间分工——服务业与制造业之间的分工 47
    五、本章小结 50

第四章 新形态国际分工演进的动因（基础） …… 53
一、产品内分工演进的动因（基础） …… 54
二、"服务——制造"新形态国际分工演进的动因（基础） …… 59
三、本章小结 …… 84

第五章 制度环境与新形态国际分工的形成：基于跨国截面数据的实证 …… 87
一、"服务——制造"新形态国际分工的度量 …… 88
二、模型、变量的选取及数据说明 …… 90
三、基于OLS的实证及结果分析 …… 94
四、基于IV估计的稳健性检验 …… 101
五、本章小结 …… 108

第六章 新形态国际分工导致国际经济失衡的机制 …… 109
一、新形态国际分工下贸易开放的非对称性 …… 110
二、新形态国际分工下收入分配差距的扩大 …… 124
三、新形态国际分工结构下国际货币体系的内在缺陷 …… 136
四、本章小结 …… 138

第七章 新形态国际分工对国际经济失衡的影响：基于跨国截面和中美贸易数据的实证 …… 141
一、新形态分工对国际经济失衡的影响：基于跨国截面数据的实证 …… 142
二、中美贸易时间系列数据的检验 …… 147
三、本章小结 …… 158

第八章　启示与政策建议 ··· 161

　一、"服务—制造"新形态国际分工的可持续性 ················· 161

　二、经济结构调整、发展方式转变的着力点 ······················· 164

附录一　实证模型的数据来源及说明 ···································· 169

附录二　计量模型所涉及的国家样本 ···································· 171

参考文献 ·· 173

后　记 ·· 191

第一章 导 言

一、研究动因：日益严重的国际经济失衡

经济全球化背景下，在跨入新千年的近10年，通过发挥比较优势，越来越多的国家和地区融入到国际分工的行列，这一时期国际贸易额和世界经济总量均取得了快速的增长。1998~2007年，全球经济保持了年均3.1%，国际贸易14.8%的增速，贸易成为世界经济增长名副其实的"发动机"。然而，伴随贸易的突飞猛进，国际经济失衡现象却越发严重，成为引发一系列世界经济问题的源头。广义地讲，国际经济失衡可以指世界经济任何方面的不平衡：经济发展的不平衡、南北贫富的差距、贸易和资本的流动不平衡等。但在大多数场合，人们所谈论的全球经济失衡，主要是指以美国为首的一些欧美发达国家出现的国际收支经常项目赤字庞大，债务增长过快，而中国和东亚的一些新兴市场国家出现大量国际收支盈余，外汇储备急剧膨胀这一现象（张文才、秦月星，2007）。1998~2007年，美国经常项目连年赤字，2006年美国的经常项目账户赤字达8115亿美元，占GDP的5.2%，外债总规模接近14万亿美元，希腊更是高达14.7%；而东亚地区的日本和中国则是经常项目连年盈余，2006年日本经常账户盈余达1705亿美元，占GDP的4.9%；2007年中国经常项目账户盈余更是达到2622亿美元，占GDP的11%；2006年亚洲的外汇储备超过3万亿美元，占全球外汇储备的61.6%。除了亚洲新

兴经济体外，德国等制造业发达的工业化国家和沙特阿拉伯、俄罗斯等产油国也存在大量的经常账户盈余现象（见图1-1）。

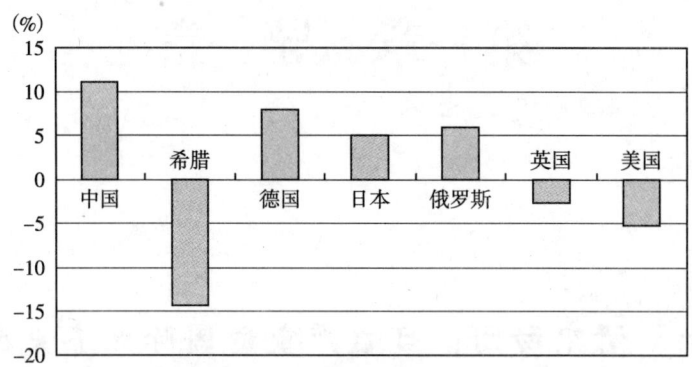

图1-1 主要国家国际经常账户赤字/盈余占GDP比重

资料来源：世界银行World Development Indicator 数据库。

较之以往的历次国际经济失衡，此次失衡不仅幅度较大，更明显的是，从1999年至2007年长达9年的时间内，这些国家的国际收支就一直呈加速失衡趋势。逆差国一直连续处于逆差状态，顺差国一直持续处于顺差地位，而且并未显示出逆转的可能（见图1-2）。[①] 因此，对于逆差国，失衡所带来的最为直接的影响就是其债务累计越来越高。2009年美国的财政赤字高达1.42万亿美元，占其GDP的9.9%，国债余额超过12万亿美元，占其GDP的84%；希腊更是由于过高的债务而陷入了债务所引发的危机之中。对顺差国而言，则是外汇储备资产的节节攀升，2000年末，我国的外汇储备余额仅为1656亿美元，2001年同比增长28.1%、2002年增长34.9%、2003年增长40.8%、2004年增长51.3%、2005年增长34.3%、2006年增长30.2%、2007年增长43.32%、2008年增长32.92%、2009年的外汇储备就已达到2.40万亿美元。巨额的外汇储备在增强国际清偿力的同时，也带来了严重的经济收益

---

① 实际上，美国自上次贸易顺差（1991年）结束，截至2009年已经持续了18年的贸易赤字；英国也持续了长达20多年的贸易赤字。而我国也自1994年起连续持续了15年的贸易盈余；日本、德国也持续了10多年的贸易盈余（德国除1999年外）。

损失和一系列经济问题，如美元货币贬值和通胀所导致的外汇资金缩水，美国高居不下的债务负担可能导致的违约等，持有外汇储备的成本和风险日益凸显。①对全球经济而言，某种意义上，此次百年一遇的金融危机就是由于越发严重的国际经济失衡所引致的。②

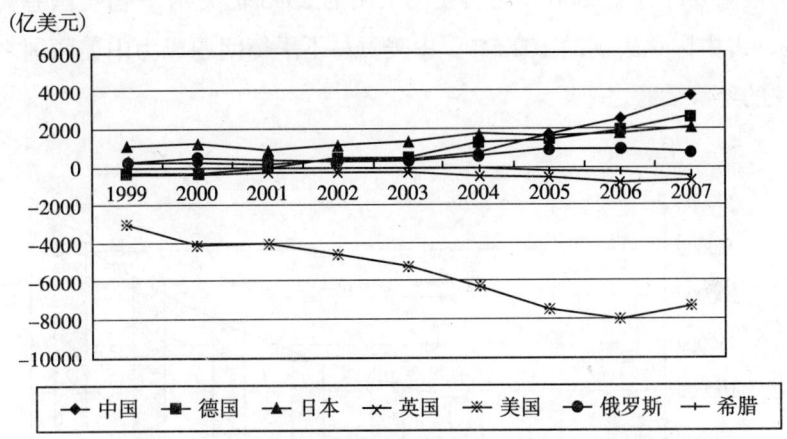

图1-2 主要国家国际经常账户情况（1999~2007年）

资料来源：世界银行 World Development Indicator 数据库。

此次国际经济失衡所显现的另一特点则是，主要经济体成了失衡的主体。美国、中国、日本、德国、英国、巴西、俄罗斯等在失衡中扮演了主要角色。其中，美国、日本、德国、英国为世界发达经济体，中国、巴西、俄罗斯等为世界新兴经济体国家。由于这些国家的经济规模较大，其经常项目的失衡占据了全球经常项目失衡的主要部分，因而对世界经济产生了重要影响。从经济表现看，这些国家往往是近年来在世界经济中表现较好的国家，经济均出现过一轮较快的增长。从失衡规模看，最大的两大经济体为美国（2007年逆差8035亿美元）和中国（2007年顺差2532亿美元），并且，中

---

① 余永定（2010）就指出中国已深陷美元陷阱，详细分析请见《第一财经日报》2010年5月31日。

② 在此次金融危机爆发之前，众多学者如张明（2007）对国际经济失衡的原因及后果进行过研究，认为如果国际经济失衡持续下去必然引发经济危机。

美两国在失衡中做起了"对家",美国为全球最大的商品进口国,并处于贸易赤字方,中国为全球最大的商品出口国,并处于贸易盈余方(见图 1-3)。从进入新千年开始,中美贸易失衡就一直以惊人的速度在不断扩大,年均失衡速率为 32.1%。而且,中美之间的贸易不平衡还构成了双方国家经常项目失衡的最主要部分。2006 年中美贸易失衡为 2595 亿美元,①占美国总失衡的32.3%,占中国总失衡的 102.5%。中美贸易不平衡问题成为中美两国之间最为关注的经济话题之一。

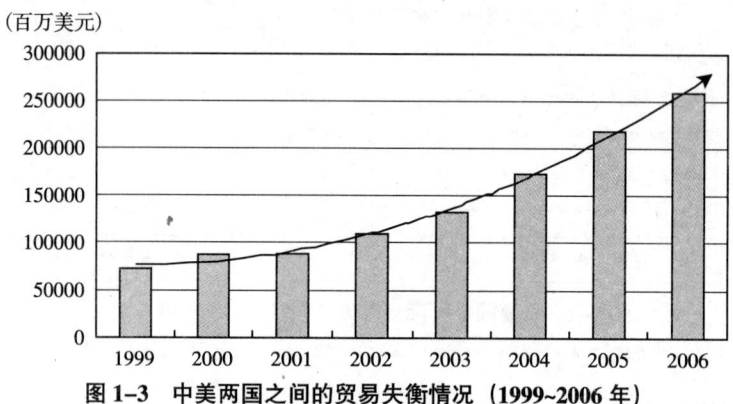

图 1-3 中美两国之间的贸易失衡情况(1999~2006 年)

资料来源:美国经济分析局(BEA)。

此次国际经济失衡所展现的又一特征是,贸易盈余国与贸易赤字国之间存在明显的"分界线"。从国际经济失衡中贸易盈余国和贸易赤字国分析,剔除俄罗斯、沙特阿拉伯等典型的石油输出国,主要依靠自然资源的输出获得了大量的贸易盈余外,经常项目盈余持续时间较长、失衡规模最大的几个国家,如中国、德国、日本都拥有当今世界最大的制造业出口规模,在制造业发展和对外贸易中表现出较为明显的比较优势。2007 年中国对外贸易出口中,商品出口占据了总出口额的 90.9%,德国为 85.8%,日本为 84.0%,商品贸易分别是服务贸易的 9.6 倍、6.7 倍和 5.3 倍。而长期逆差规模较大的经

---

① 此为美方统计数据,即使是利用中方所公布的数据(2006 年中国从美国进口商品额为5920853 万美元,向美国出口商品总额为 20347198 万美元),无论如何其所占比重依然非常高。

济体，如美国、英国等，服务业在其国民生产总值中占有非常高的比例，尤其是在金融、保险、科学技术服务等高端服务业领域显示出较强的比较优势，并成为这些行业的主要服务出口国。2007年，美国服务贸易出口额占总出口额的30.5%，英国为39.2%，远高于世界平均水平19.9%。而且，不仅失衡规模较大的国家如此，整体水平上，贸易盈余国与贸易赤字国之间也存在这种明显的"分界线"。贸易逆差的国家往往是在服务贸易上具有比较优势的国家，顺差国家则在货物贸易上具有比较优势。以2007年全球127个国家和地区的经常项目盈余/赤字占GDP比重分别同其制造业增加值占GDP比重，以及服务业增加值占GDP比重所作的散点图也在一定程度上证实了制造业增加值占GDP高的国家其经常项目多处于盈余状态，经常项目占GDP比重与制造业增加值占GDP比重表现为正相关关系；服务业增加值占GDP比重高的国家其经常项目多处于逆差位置，经常项目占GDP比重与服务业增加值占GDP比重具有负相关关系（见图1-4和图1-5）。①

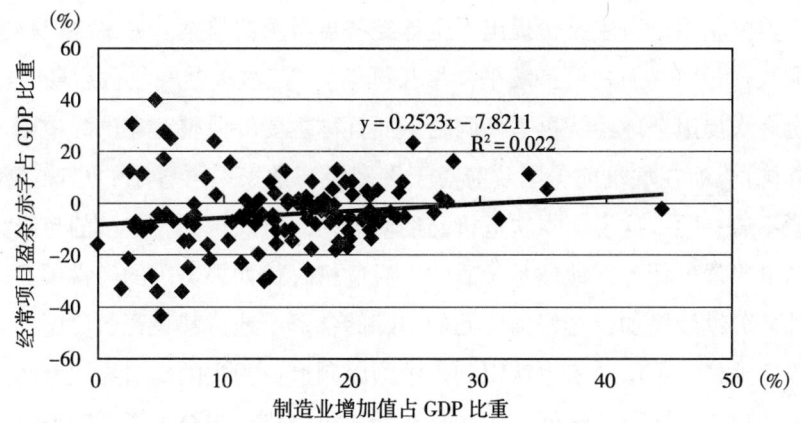

图1-4 制造业占GDP比重与经常项目占GDP比重散点

---

① 散点图所显示的相关关系并不十分显著，主要是因为在当今国际分工中，所强调的是比较优势，而非绝对优势。当然，一般而言，具有绝对优势一定也具有比较优势；反之则不一定成立。如果我们采用比较优势，即制造业增加值与服务业增加值之比与经常项目占GDP比重作散点图的话，这种相关关系就会十分明显。本书第三章将会作具体的描述。

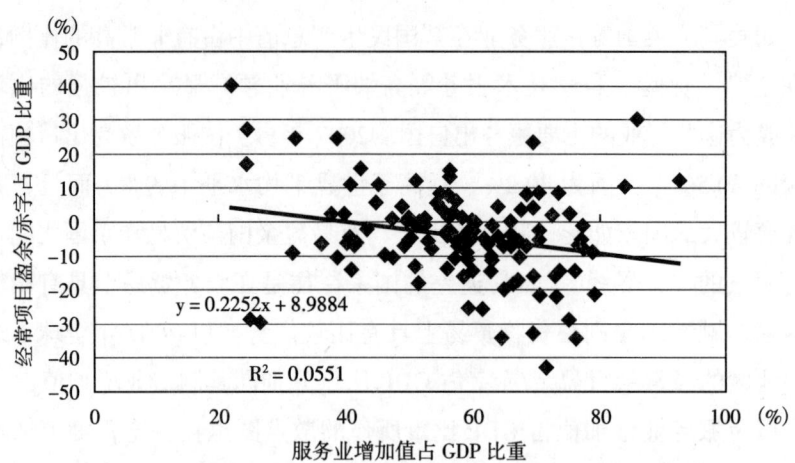

图 1-5　服务业占 GDP 比重与经常项目占 GDP 比重散点图

正因为这种日益严重的国际经济失衡问题所引发的金融危机，全球经济陷入了自 1929 年以来最严重的衰退之中，并且各类贸易保护主义抬头，甚至一度出现了全球化倒退的趋势。在 2009 年 10 月召开的 G20 匹兹堡峰会上，美国利用东道主身份提出了全球经济再平衡的议案，并最终以峰会宣言的形式通过了《强劲可持续平衡增长框架》。在本次金融危机后期，美国政府也多次提出全球经济再平衡问题（而且称主要的调整对象国为中国、日本和德国），而在危机前美国政府对于许多经济学家一再警示的全球经济失衡问题不屑一顾。这说明本次危机已经使美国政府认识到，自己的超级大国地位与世界最大债务国地位是矛盾的，后危机时代如果美国的经常项目逆差和对外债务继续增加，会侵蚀美元的国际储备资产地位甚至瓦解美国的全球金融霸主地位。中国政府也认识到，中国以制造业为主的出口导向型的经济增长方式也不具备可持续性。尤其是在后危机时代，当众多逆差国家为平衡内外部经济增长，加大贸易保护时，这种过于依赖加工制造品出口来带动经济增长的途径，其所遇到的摩擦和困难会越来越大。① 况且，地区和城乡收入

---

① 商务部官员表示，2009 年中国遭受的反倾销案例占全球的 40%，反补贴案例占全球的 75%，遭遇的贸易调查数约占同期全球案例总数的 43%，中国已经成为贸易保护主义的主要对象国。http://news.163.com/10/0915/01/6GJ9KB2T0001124J.html。

差距扩大、资源枯竭、环境恶化、产能过剩、经济增长质量下降、劳动力成本增加等也迫使中国不得不调整经济结构，推动经济发展模式的转型。

那么，此次国际经济失衡是如何产生的？为何会越发严重？为什么制造品出口具有比较优势的国家会出现经常项目盈余，而在服务贸易上具有比较优势的国家则出现经常项目赤字？① 多种因素都可能是造成此次失衡的原因，如发达国家的"高消费、低储蓄"和东亚等国家的"高储蓄、低消费"、汇率贬值、财政赤字等。但不可否认的一个事实是，国际经济加速失衡的过程，同时也是国际分工模式不断深化、国际分工格局不断调整的过程。这一时期，基于价值链不同增值环节的产品内分工在全球迅速扩散，发达国家将本国不具有比较优势的制造业（或制造业的部分工序）转移到了劳动、资源和环境成本较低的发展中国家，自己则集中力量发展和出口高端制造业和知识性服务业，发展中国家则生产并出口低端的制造业产品（或这些产品的组装工序）和劳动密集型的服务产品。当这种分工环节进一步分离和在地理上形成集聚，一部分国家和地区就出现了以服务业和服务贸易为主要经济增长点，而另一部分国家和地区则出现了以制造业和制造品出口为主要经济增长点的分工格局，一种新形态的，即服务业与制造业的产业间分工模式正在萌芽和逐步形成之中。由此，另一个问题，贸易盈余国与贸易赤字国之间存在明显的"分界线"，是否意味着服务业与制造业之间的新形态国际分工是导致国际经济加速失衡的原因？那么，这种新形态分工形成的基础又是什么？为何部分国家只能在制造业和制造品贸易上具有比较优势，而另外一些国家则在服务业和服务贸易上显示出了较强的比较优势？如果这种新形态国际分工的确导致了国际经济失衡，其又在多大程度上影响着失衡？所有这些疑问正是本书的研究目的和主要内容。

本书试图通过对当代国际分工演进历程的分析，重点对服务业和制造业新形态国际分工的决定基础展开研究，探讨"服务—制造"新形态分工导致

---

① 这里指的是一般情况，并不绝对是制造品出口具有比较优势的国家就一定出现顺差，服务贸易具有比较优势的国家一定出现逆差。

国际经济失衡的机制,并实证检验其对国际经济失衡的影响程度。本研究对深刻理解国际经济失衡的根本原因,准确把握后危机时代国际分工模式的发展趋势,以及科学认识世界经济的发展规律,合理制定调整经济结构和发展模式的政策措施,从容应对复杂的国际局势均具有重要的理论意义和现实价值。

二、主要结论

(一)国际分工已逐步在向服务业和制造业的新形态产业间分工演进

从国际分工的形态和表现形式看,自产业革命和机器大生产建立至今,国际分工先后经历了工业与农矿业的传统产业间分工、制造业内不同产品部门之间的产业内分工、同一产品不同价值链环节的产品内分工。随着发达国家跨国公司逐步将生产制造环节转移到发展中国家,自身更专注上游融资、研发和下游物流、营销等生产性服务环节的普遍趋势,曾经伴随加工生产制造环节的生产性服务业逐步从制造环节中分离出去。当制造与生产性服务环节分别发挥规模效应而出现地理上的集聚时,这种分工的深化也就催生出了服务业与制造业之间的新形态国际分工。总体上,国际分工沿着传统产业间→产业内→价值链→新形态产业间的路径演进,是一个连续、不断深化,否定之否定的螺旋式上升的过程。

(二) 处于后工业化阶段和工业化阶段两类国家经济结构的差异性使得两类国家间服务业和制造业的分工具有一定的必然性

钱纳里根据人均 GNP 把经济的发展阶段划分为初级产品阶段、工业化阶段和后工业化阶段，而当前各国人均 GDP[①] 水平恰好与钱纳里的划分标准具有高度的吻合性。而且根据配第—克拉克定理，国内产业结构也会随着人均收入水平的提升呈现出梯次的演进，经济中服务业的比例会越来越高。当前国际分工格局中，一部分具有较高人均 GDP 的国家由于率先实现工业化，并在经过多轮的产业转移之后，其国内制造业已逐步"空心化"，整个国家经济已步入后工业化阶段，经济结构以服务型经济为主。与此相对应，还有更多的人均 GDP 处于中等及中下等的发展中国家，正处于工业化进程的初级和中级阶段，这些国家的经济结构还主要是以工业为主，制造业部门成为其国内经济增长以及吸纳就业的主要部门。这两类经济结构不同国家之间的分工势必会表现出服务业与制造业之间分工的特征。

(三) 制度环境的差异是"服务—制造"新形态国际分工形成的重要基础

制造业比较优势的形成一般比较容易理解，现有文献将一国在发展制造业以及制造业产品出口的比较优势归结为低廉的劳动力成本、良好的基础设施、优惠的税收政策等。在全球化进程中，众多劳动力丰裕的发展中国家(地区)，通过逐步改善基础设施以及提供优惠的税收政策吸引了一大批制造业类的 FDI，并迅速崛起成为世界制造业产品生产和出口基地。和制造品相

---

① GDP 是指在一定时期一个国家的国土范围内，本国和外国居民所生产的最终商品和劳务的市场价值总和；GNP 是指一个国家的国民在国内外所生产的最终商品和劳务的市场价值总和。GDP 强调的是制造而不管是本国企业还是外国企业生产的；GNP 强调的是制造人，追求的是本国企业和本国人的制造。统计上，二者的差别较小，人均 GNP 与人均 GDP 的差别亦不大。

比较，服务品具有无形性、异质性、不可储存性以及生产和消费同步性等特征，这些差异性决定了制度环境对服务业和服务贸易比较优势的形成以及服务领域的 FDI 具有更大的影响。与制造业主要依靠有形资源的投入不同，服务业更多的是依靠无形资源的投入，如制度、规则等。从要素密集度来划分，其更属于制度密集类的产品。如果把制度的差异也看做是要素禀赋的差异，正是不同国家和地区在不同要素上的比较优势（劳动力、资本、制度）的差异，最终形成了部分国家在发展制造业进而货物贸易上具有比较优势，而另一些国家则在发展服务业进而服务贸易上具有比较优势。本书以 2005 年全球跨国截面数据证实了，制度环境的确对服务贸易出口显示性比较优势（RCA）的形成具有非常显著的影响。

（四）在制度环境糟糕的国家，制度对服务贸易比较优势的影响更为明显

在制度环境对服务贸易出口 RCA 影响的实证检验中，通过对不同法律水平（25%、50%、75%水平上）进行分组比较发现，在制度环境糟糕的国家，制度环境对该国服务贸易比较优势的影响更为明显，而这也正好符合经济学原理中的要素边际报酬递减规律。因此，这对致力于发展服务经济和提升服务贸易比较优势，而制度环境相对较差的国家而言，改善制度环境，进行各类制度创新可以起到较为明显的效果。同时，本书通过分别作制度与服务贸易出口 RCA 变动，以及服务业增加值比重变动的散点图进一步证实了，制度的改善对提高服务业在国民经济中的比重，以及提升服务贸易出口 RCA 具有一定的促进作用，二者之间呈现正相关关系。

(五)文化作为一种高级生产要素,其禀赋的特性差异使得某些国家更善于制造品/服务品的生产,这对新形态国际分工的形成也产生了一定的影响

在新形态国际分工中,也存在某些具有较高的人均收入,完善的市场秩序和良好的制度环境,但仍然位于新形态分工的"制造"国家行列的国家,如日本、德国等。这种对制造的偏好与其自身的文化禀赋有着密切的联系。文化同样可以作为生产要素,而且是更为高级的生产要素,尤其在分工向更高层级演进的过程中,文化的影响十分重要。文化对分工的影响可以看做是生产者的偏好,即生产者擅长于生产什么和倾向于如何组织生产。日本的集体主义文化、纪律性、雇佣制度和劳资关系等使得日本更擅长生产整体型构造的产品,并确立了在这些产业中的竞争优势;德国中世纪后期城市手工业作坊和手工业行会对青年学徒实行严格系统的培训,以及道德品质的培养所形成的传统,造就了德国精于制造的能力;而手工业中师傅与帮工、徒弟的社会地位,形成了德国传承至今的优良传统,忠于职守、严肃认真地完成所负责的工作,这些正是其在制造业上保持比较优势的文化基础。

(六)生产组织的创新、模块化生产方式、产业集群以及区域经济板块化等趋势有力促进了新形态国际分工的形成

撇开技术进步的贡献,从组织意义上看,国际生产组织方式所出现的模块化、产业集群以及区域经济板块化等对"服务—制造"分工形成中全要素生产率(TFP)的提升发挥了重要的影响。尤其是通过模块化,"服务"发达国家将外围已经标准化、技术容易掌握的零部件转移至劳动力丰裕的发展中国家,而自身集中于价值链中附加值高的"服务"环节,进而促进了"服务—制造"分工的形成。但模块化生产组织方式在带来生产率大幅提升的同时,也导致发展中国家的制造业陷入"模块化"陷阱。产业集群和区域经济板块化在服务业和制造业的全球分离过程中,使得服务业和制造业分别在不同国家形成产业集群,并形成了较为典型的"东亚制造,欧美消费"的"服务—制造"分工现象。

(七)贸易开放的非对称性、收入差距的扩大、国际货币体系的内在缺陷等是导致新形态国际分工引发经济失衡的主要机制

出于保护国内相关服务产业的目的,以及服务贸易经济影响的复杂性和对其监管的困难,加之维护社会秩序和国家经济安全的考虑等非经济因素决定了一国政府不敢贸然开放服务部门。因此,不仅在开放谈判进程上,而且在自由化程度上与货物贸易相比,服务贸易均存在较大的差距。随着国际分工逐步向"服务—制造"新形态国际分工的演进,不仅国与国之间的收入差距,尤其是南北国家收入差距被拉大,而且在服务业为主的发达国家和制造业为主的发展中国家都出现了严重的收入分配失衡问题。由于收入差距的扩大,服务业国家内部出现了经济虚拟化、过度消费问题;制造业国家内部则出现了内需不足、生产相对过剩问题。与此同时,国际货币体系的内在缺陷,美国的"央行"地位以及其金融效率的绝对优势,使得以美元为中心的全球信用体系不断在全球范围内配置资源,并成为新形态国际分工导致国际经济失衡的重要制度供给。

(八)新形态的"服务—制造"产业间分工是造成世界经济长期结构性失衡的主要原因

尽管现有的各种理论在一定程度上能够对此次国际经济失衡的原因进行部分解释,但或多或少都具有一定的局限性,并不能对国际经济失衡所体现的部分事实做出完整的解释。① 由此也决定了这些因素并不构成国际经济失

---

① 第二章将会对现有的各种失衡理论的局限性进行评述。

衡的根本原因。根据本书所提出的从"服务—制造"新形态国际分工的角度来理解国际经济失衡的思路，本书以2005年的跨国截面数据为样本，采用不同国家（地区）服务贸易出口RCA作为衡量新形态国际分工的指标，证实了较之其他因素，新形态国际分工对国际经济失衡的影响更大，解释力更强。更进一步地，以美国以及中美1988~2006年贸易失衡的数据，分别采用服务业与制造业增加值的比例、金融服务业与制造业的比值和投向美国的FDI作为衡量美国产业结构调整的替代指标，同样验证了新形态国际分工是中美贸易失衡的根本原因的结论。

三、内容结构安排

如图1-6所示，本书所要解答的核心问题是，在国际分工逐步向"服务—制造"新形态国际分工演进的过程中所出现的长期性的结构失衡，与这种新形态国际分工究竟有着怎样的关系？新形态国际分工形成的基础是什么？其导致国际经济失衡的机制又是什么？其在多大程度上影响了国际经济的失衡？为解答这些疑问，依据演绎分析法，本书在第二章对现有关于国际经济失衡的各种理论和观点进行了归纳，指出了这些观点在解释此次国际经济失衡时的局限性，并提出了应从"服务—制造"新形态国际分工的角度来分析和理解国际经济长期的结构性失衡。为厘清"服务—制造"新形态国际分工形成的脉络，第三章分析了自产业革命和机器大生产建立至今，国际分工所经历的分工演进的具体形态和特征。第四章则重点对产品内分工的形成及其逐步过渡到"服务—制造"新形态分工的机理和基础作了一个理论分析。并指出各国产业结构演进的差异、要素禀赋的差异（主要是制度禀赋和文化禀赋），以及国际分工组织的创新是新形态分工形成的主要动因（基础）。

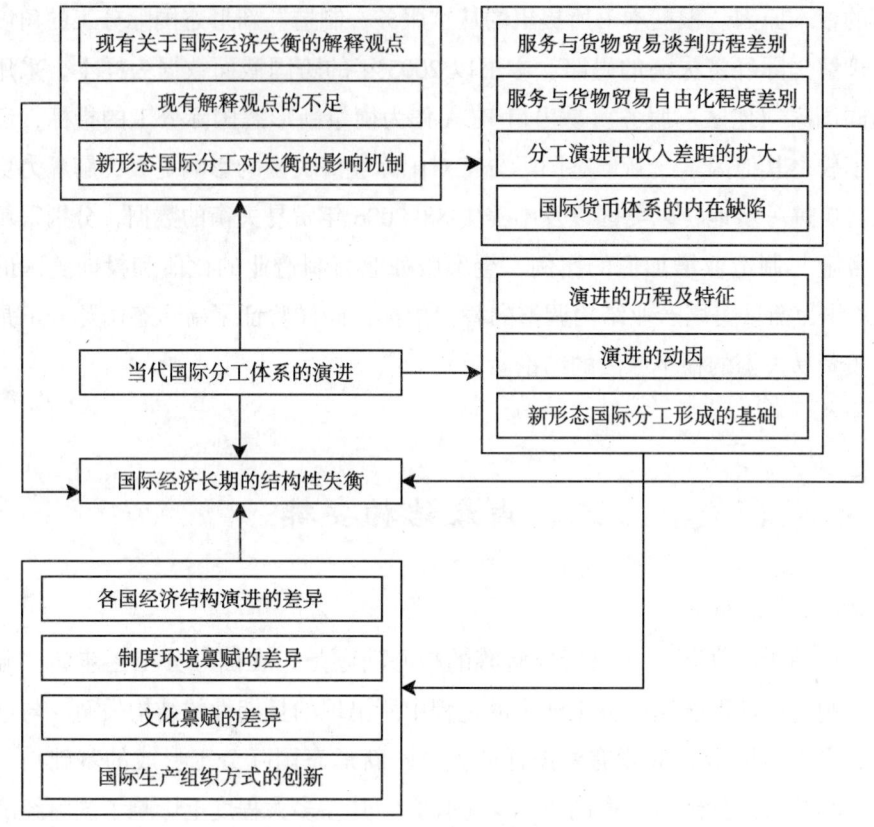

图1-6 内容结构安排图示

为验证上述观点，围绕新形态分工形成的要素基础，第五章利用2005年的跨国截面数据，分别采用最小二乘法（OLS）和考虑制度内生变量影响的IV工具变量法进行了实证检验。第六章主要分析了新形态国际分工模式下，各种因素通过新形态分工而导致国际经济失衡的机制。根据"服务"国家多出现贸易逆差，而"制造"国家多出现贸易顺差的"分界线"现象，分别从服务贸易和货物贸易开放的非对称性、"服务"国家和"制造"国家内部收入差距扩大以及国际货币体系内在缺陷等方面进行了分析。为检验"服务—制造"新形态分工在多大程度上导致了国际经济失衡，第七章利用跨国截面数据，以服务贸易出口显示性比较优势（RCA）作为新形态分工模式的替代指标，证实了在各种影响因素中，新形态分工的影响最为显著。并采用

第一章 导言

美国以及中美之间的时间序列数据的稳健性检验得出了一致的结论。第八章为启示和建议。针对当前中国服务业发展滞后于制造业，服务贸易竞争不足，经济正面临由出口导向型的制造经济向内需驱动的服务经济转型的局面，提出了完善市场经济制度，推动各类制度创新的必要性，并给出了相关的政策建议。

第二章 有关国际经济失衡解释的文献述评

金融危机的爆发，使人们更加关注国际经济失衡的原因，较为普遍的看法是，国际经济失衡是引发金融危机的根本原因（Fracasso and Schiavo, 2009; Dunaway, 2009; Smaghi, 2008; 袁志刚, 2008; 徐建炜、姚洋, 2009）。事实上，国际经济失衡问题由来已久，不同时期一些国家曾出现一定程度的贸易失衡问题，如20世纪七八十年代日、美之间就出现过严重的贸易不平衡现象。因此，国际经济失衡一直都是经济学界关注的焦点，大量的文献从不同的视角对导致失衡的原因进行了解释（研究的对象主要是此次经济失衡）。本章将对这些从不同视角进行研究的文献作一总结，并就这些研究视角的解释力作一简要的评述。有关国际经济失衡原因的研究视角主要集中于以下四个方面：

一、汇率及汇率制度与国际经济失衡

自1992年市场化改革以来，中国在相当长时间内保持着贸易顺差，尤其是中美之间的贸易失衡（见图1-3）旷日持久，如此规模空前的贸易失衡自然成为公众瞩目的焦点。不少西方媒体、政府甚至学者或明或暗指责中国政府操纵汇率，破坏自由竞争。2003年9月和10月，美国前财长Snow和商务部长Evans相继访华，正式向中国政府提出人民币汇率浮动的要求，谋求解决美中贸易逆差问题。美方的观点一是认为我国的汇率存在低估；二是认为我国应该改革不合理的汇率制度，保证人民币汇率的充分弹性。金融危机背景下，西方媒体和政客更是开始公然批评中国的贸易顺差，认为这是导致他们国内企业经营困难和失业问题恶化的一个重要因素，要求中国减少对外出口，人民币汇率问题更是被推上了中美贸易失衡的风口浪尖。2010年2月，美国130名律师向其财政部发出联合署名公开信，要求对中国生产的进口商品增加关税，以缓解失衡。3月14日，2008年诺贝尔经济学奖获得者，普林斯顿大学教授保罗·克鲁格曼在《纽约时报》撰文指责中国存在"汇率操纵"，并鼓吹以威胁征收25%进口附加税的方式强迫中国政府调整人民币汇率。4月12日，在与胡锦涛主席会晤时，美国总统奥巴马公开质疑中国汇率政策，并指出"汇率应由市场决定，确保没有任何国家可以借助汇率获得竞争优势"。

那么，据此认为汇率及汇率制度对国际经济失衡影响的理论基础是什么？汇率对中美贸易失衡的影响有多大？真的是造成中美贸易失衡的最重要的原因吗？美国政界缘何要放大汇率的影响并拿此大做文章？现有文献已对这些问题进行了较为全面的分析。

汇率（Exchange Rate）是以一种货币表示另一种货币的价格，其之所以重要，因为开放经济条件下，各种经济变量均会在汇率上得到不同程度的体现。汇率的调整会从内到外，从微观到宏观对整个经济的开放运行产生广泛的影响。汇率对贸易收支的影响主要是商品价格可以通过汇率中介发生变化，进而影响到产品的国际竞争力。通常认为，一国汇率贬值可以提高产品的国际竞争力，改善国际收支账户，这一假设在开放经济的许多模型甚至在政策制定中都扮演了重要的角色（Ross，1991），最为经常采纳的理论依据有：

（一）弹性理论（Elasticity's Approach）①

国际商品市场上需求和供给对价格变动具有弹性，汇率的变化会带来进出口商品价格的变化，从而带来进出口的变化。然而，出口随实际汇率的贬值而增加，进口随其贬值而减少，一国政府通过汇率政策来调节其贸易收支的失衡是否奏效，还要看其是否满足马歇尔—勒纳条件（Marshall-Lenner Condition M-L），即进出口商品的需求弹性之和是否大于 $1[(\eta_x + \eta_m) > 1]$。

仅就弹性理论本身成立的假设条件而言，就存在一定的缺陷。如进出口供给弹性的无穷大与事实不符；收入不变的假定与出口供给弹性无穷大就存在逻辑上的矛盾；而且弹性论是建立在局部均衡分析的基础上，只考虑汇率变动对进出口商品市场的影响，没有考虑对本国商品价格的影响；其进行的是比较静态分析，忽视了贬值后贸易收支的变化过程，如"J-曲线效应"②（任康钰，2006）。

（二）吸收理论（Absorption Approach）③

吸收理论主要以宏观经济理论为基础，是将国际收支与整个国民经济相联系的理论。一定的宏观经济背景下，贬值或低估主要是通过影响收入和吸收而对国际收支产生作用。其公式：

$\Delta CA = (1 - C) \times \Delta Y - \Delta D$

式中：ΔCA 表示贸易收支变化；ΔY 表示收入变化；ΔD 表示自主性吸

---

① 最早由英国经济学家马歇尔（Alfre Marshall）提出，并经英国经济学家琼·罗宾逊（John Robinson）发展正式提出了国际收支的弹性理论，美国经济学家勒纳（Abba P.Lenner）在此基础上提出了著名的马歇尔—勒纳条件。

② 在短期内，贬值并不能立即引起贸易数量的变化，因为获取价格信息、调整消费计划等都需要时间，即存在时滞，所以在这一时期内，贬值并不能带来国际收支的改善，反而可能导致其恶化。

③ 由 J. 米勒（J. Meade）和西德尼·亚历山大（S. Alexander）于 1952 年提出，由于是考察一国总收入与总支出对国际收支的影响，因此所谓"吸收论"即为支出分析法。

收变化。显然，贬值能否使国际收支 CA 得到改善，取决于贬值对收入的直接影响 ΔY，对吸收的直接影响 ΔD 以及通过吸收变化而导致的间接影响 $c \times \Delta Y$。贬值对收入和吸收产生的影响主要有：闲置资源效应、贸易条件效应、资源配置效应、现金余额效应、收入再分配效应、货币幻觉效应等，其最终影响取决于各种效应的综合。

吸收理论是建立在国民收入核算会计恒等式基础上的，并没有对收入和吸收为因，贸易收支为果的观点提供令人信服的逻辑分析，贸易收支也可以反过来影响收入和吸收；贬值分析中，吸收论在考虑对价格调整过程中的作用时可能不全面；而且吸收理论是一个单一国家模型，在贸易收支分析中不涉及其他国家，但事实上一国进出口数量的多少和价格的高低正是由本国和贸易伙伴国共同决定的（任康钰，2006）。

（三）汇率制度

一般认为，固定汇率制度下，汇率缺乏弹性，无法通过价格变动对国际收支产生影响，而浮动汇率可以灵活地反映贸易双方商品的实际价格。但是，汇率制度的选择牵涉国家的经济主权（蒙代尔"三元悖论"）和安全（资本账户开放情况下），以及各种经济目标的选择问题（尤其是本国的经济福利目标）。因此，汇率制度的选择往往与该国的经济发展状况和需求紧密联系在一起。

对上述理论的实证检验方面，现有文献更多地集中于对弹性理论中马歇尔—勒纳条件是否成立的检验。由于采用的样本、数据区间和检验方法不同而存在较大的差异。Rose 和 Yellow（1989）运用美国数据对美国和其他 G7 国家的双边贸易弹性和美国的总体贸易弹性进行估计，发现实际汇率波动对进出口既没有长期影响，也没有短期影响，即 M-L 条件和 J-曲线效应都不成立。同时，Ross（1991）运用参数和非参数计量方法估计了后布雷顿森林体系时期（post-Bretton Woods）5 个主要 OECD 国家的真实有效汇率与真实贸易平衡之间的关系，发现实际汇率波动对贸易收支几乎没有影响。而 Boyd

(2001) 运用 VARDL 模型和单方程 ARDL 模型估算了 8 个 OECD 国家 1975~1996 年季度贸易收支受汇率冲击的影响。结果表明，M-L 条件在长期成立，J-曲线效应在短期存在。Wilson (2001) 利用新加坡、马来西亚、韩国、美国和日本 1970~1996 年的双边季度数据进行检验，发现除韩国和美国之间满足 M-L 条件外，其余国家真实汇率对贸易收支的 M-L 效应均不存在。新加坡和马来西亚的贸易数据表明不存在 J-曲线效应，而韩国对日本、美国的贸易数据则存在 J-曲线效应。

由于中美贸易失衡是国际经济失衡的焦点，因此实证检验更多的是把人民币汇率与中美贸易失衡作为研究对象。国外就这一问题的研究大致可以分为两派：一类是以克鲁格曼等为首的"倒人民币派"，认为人民币被低估了 25%~40%；另一类是以蒙代尔、麦金农等为首的"挺人民币派"，认为人民币应该保持稳定，而不是快速升值，人民币升值既不能影响贸易平衡也不会带来外汇市场的均衡。国内研究结论中，由于所采用的方法（主要是计量方法）和数据不同，得出的结果往往大相径庭。但更多研究结果表明，在汇率对中美贸易失衡问题上，人民币汇率低估的作用非常微弱，甚至根本就不存在，人民币低估不可能成为中美贸易失衡的主要原因。薛昶（2007）实证表明，汇率对中国的国际收支不平衡起到了作用，但不是问题的全部，也不是最主要的部分。厦门大学宏观经济研究中心课题组（2007）基于 CQMM 的预测分析也表明，人民币升值并不能解决中美之间的贸易顺差。沈国兵（2005）用 1994~2002 年的年度数据实证显示，中美贸易收支与人民币汇率（名义和实际汇率）之间均没有稳定关系；且 1998~2002 年月度数据也表明，中美贸易收支与人民币汇率之间不存在长期稳定的协整关系。

针对美国政府对人民币汇率低估问题的放大，通过反证法，宋铮（2010）从通货膨胀率与汇率低估的关系分析出发，如果真实汇率确实被低估，扭曲的汇率会导致对非贸易品需求的增加，并刺激工资上涨，进而出现通货膨胀。事实上，在 1997~2007 年，中国工资的增长显著落后于产出的增长，致使劳动收入 GDP 占比下降了至少 5 个百分点，而中国平均通货膨胀率也与美国同期水平大致相等。此外，人民币汇率改革的事实也证明：2005

年7月21日,人民币不再钉住单一美元货币后,美国进口商品中中国商品份额不降反升,几年之内就从16%上升到24%。所有这些事实都对人民币汇率操纵及其对贸易失衡的影响是否真实存在提出了质疑,所谓中国政府对人民币名义汇率的操纵不可能成为中美持续20多年贸易失衡的主要原因。

历史经验的借鉴方面,孙立坚(2010)、华民(2010)总结了日本泡沫经济崩溃的教训。中国今天所出现的失衡问题及面临的国际环境与日本在20世纪六七十年代具有极大的相似性。同样是日美之间出现了巨额的贸易顺差,日本面临着来自美国及欧洲国家以贸易制裁相威胁要求日元升值的压力。但错误的决定,使得日本没有选择彻底的市场平衡法,即贸易自由化政策,而是日元对美元升值这一价格调整法来缓解失衡问题——通过"广场协议"的签订使日元兑美元大幅升值。而在此之后,升值并未解决日本的贸易顺差问题,而且其经济也陷入长期的衰退之中。殷鉴不远,美国采取故技重演的方式来对付今天所出现的中美贸易失衡问题,围绕人民币汇率问题大打口水战,放大人民币汇率对贸易失衡的影响,其用意何在,或许更多的是出于转嫁其国内经济问题的需要。

二、财政赤字与国际经济失衡

20世纪以来,众多国家先后出现了财政预算赤字与经常项目赤字同时出现的"双赤字"(Twins Deficits)现象,典型的如80年代在美国出现了前所未有的巨额联邦财政赤字和贸易赤字问题。围绕这一"双赤字"现象,两者之间是否具有内在必然联系,学界进行了较多的讨论。从因果关系上分析,普遍认为财政赤字是因,而贸易赤字只不过是财政赤字所导致的结果。但在具体的解释上,由于所依据的理论和采用的模型不同(主要可分为静态的和动态),财政赤字是否会导致贸易赤字的出现存在较大的争议。

（一）静态模型

经常被用来分析的主要有三种基本理论依据。

1. 总量经济行为关系

根据国民收入恒等式：

$$X - M = (S - I) + (T - G)$$

式中：X 代表出口；M 代表进口；S 代表私人储蓄；I 代表私人投资；T 代表政府税收；G 代表政府支出。那么 (X – M) 为净出口，即经常项目余额，(S – I) 为私人储蓄—投资余额，(T – G) 为政府财政赤字。显然，财政赤字对经常项目的影响也要取决于财政赤字对私人储蓄—投资余额的影响程度，这又可以分为三种情形展开讨论。

（1）若 (S – I) = 0，则财政赤字与经常项目赤字呈现对等关系，表现为两者同时出现同时消失。

（2）若 (S – I) > 0，则财政赤字并不必然伴随贸易赤字的出现，主要取决于储蓄—投资缺口的大小，特别是当 (S – I) > |T – G| 时，则会出现财政赤字与贸易顺差并存的局面。

（3）若 (S – I) < 0，则必然会出现财政赤字同贸易赤字同时出现的"双赤字"现象。

2. Alexander（1952）的吸收理论[①]

财政赤字的增加会通过乘数效应影响到国民收入，进而引致国内吸收的增加和进口扩张。如果国内吸收超过国民收入增加（A > Y），则出现贸易赤字，否则出现贸易盈余。同时，根据吸收理论，任何影响到收入或吸收的因素都会影响到贸易收支，而这与该国的国内宏观经济条件有关。

---

① 吸收理论的主要观点是经常账户 (X – M) 等于收入 (Y) 与吸收 (A = C + I + G) 的差，经常账户的变化取决于收入和吸收的相对变化 Δ(X – M) = Δ(Y – A)。

3. Mundell-Fleming 模型①

无论是在固定还是浮动汇率制度下，依靠债务融资②的财政赤字均会导致贸易赤字。固定汇率制度下，财政赤字增加（扩张性的财政政策），则收入增加，进而进口品需求增加，价格水平提高，贸易条件恶化会导致贸易收支恶化。浮动汇率制度下，财政赤字增加，则会导致利率上升，在资本自由流动下，则会引致外资流入增加，进而本币升值，出口减少，进口增加，恶化贸易收支。但是，在这一机制的分析过程中，由于本币升值恶化贸易收支往往受到一系列条件的限制（如是否满足 M-L 条件等），因此这种影响机制也往往受到质疑。

（二）动态模型

与静态模型不同，动态模型主要是把跨时期的预算约束引入开放经济条件下的宏观经济分析中。传统的静态模型只考虑了总的经济行为，仅仅考虑了当期的经济行为决策。而跨期预算约束理论认为，消费、储蓄和投资决策不仅受当前因素的影响，还要考虑到跨期因素。由于跨期最优化模型的动态预算约束和跨期替代特征，从 20 世纪 80 年代开始，跨期模型已成为研究经常项目收支问题最为经常采用的模型。在运用跨期替代方法研究财政赤字对贸易收支的影响上，争论的焦点主要在于李嘉图等价定理（REH）③的成立与否，其研究结论分为两大阵营。

1. 等价定理成立

坚持李嘉图等价定理成立的人认为，由于经济代理人具有无限期限和代际间遗赠动机，因此政府的任何储蓄减少行为，都会被私人储蓄的等额增加

---

① 主要是讨论开放经济条件下，宏观经济产出均衡和汇率如何决定的理论。
② 相应的还有税收融资和发行货币融资，这两种融资方式在固定和浮动汇率制度下对经常项目的影响与债务融资则存在较大差别，这里就不再进行综述。
③ 李嘉图在其 1817 年代表作《政治经济学及赋税原理》中提出的理论：在某些条件下，政府无论用债券还是税收筹资，其效果都是相同的或者等价的。

完全抵消，国民总储蓄不变。据此，Barro（1989）认为，无论是在封闭还是开放经济中，财政赤字对经常项目均不会产生任何影响。Ender 和 Lee（1990）通过建立包含两个国家的微观理论模型也说明，具有无限生命的个人会将政府的债务看成未来的税负分担，政府通过增税来减少政府债务并不会改变私人支出，因而对经常项目没有影响。

2. 等价定理不成立

反对李嘉图等价定理的人认为，经济代理人的无限期限并不符合实际，在分析政府支出对经常项目的影响时，应该采用有限期限的迭代模型。因此，在给定政府支出路径时，减税导致的政府储蓄下降会使私人储蓄增加，但私人预期到收入的增加，私人储蓄的增加额要小于政府的初始减税额，整体上国民总储蓄率会下降。① 封闭条件下，则会导致利率上升而挤出国内投资，恶化经常项目；开放条件下，则会因国外借贷增加而恶化经常项目，因此无论是在封闭或开放经济下，均会导致经常项目的恶化，李嘉图定理并不成立。

（三）实证研究

关于财政赤字与经常项目账户之间关系的实证研究中，结论主要有三种：正相关、负相关和无关。大多数研究认为财政赤字与一国国际收支赤字存在正相关关系。Zietz 和 Pemberton（1990）应用两阶段最小二乘法（2SLS）对美国 1972~1987 年的季度数据估计显示，财政赤字对贸易赤字具有正效应。Eisner（1991）利用进出口占 GNP 的百分比作为因变量，经价格调整的充分就业下的财政赤字占 GNP 的百分比为自变量，应用最小二乘方程估计发现，美国预算赤字对贸易赤字的确存在正效应。Mann（1999）从投资与储蓄的角度考察经常项目赤字，认为经常项目赤字与财政赤字存在很强的正相

---

① 但是，Baxter（1995）根据实际商业周期模型（RBC）却提出，跨期替代效应会使暂时性的减税所导致的私人储蓄增加多于政府储蓄的减少。

关性。Mohammadi（2000）对67个国家1975~1995年的面板数据估计也同样显示，财政赤字与贸易赤字之间存在显著的正相关关系。但也有实证证明财政赤字仅对经常项目产生微弱的影响（Evans, 1998; Bussière, 2004），或是根本没有影响。Backus, Henriksen、Lambert 和 Telmer（2005）通过检验过去40年内美国、澳大利亚、加拿大、瑞典、瑞士的经常账户赤字与政府财政赤字之间的相关关系，发现二者关系并不明显。针对我国财政赤字与贸易收支关系的研究，结论同样也是存在较大差别。刘溶沧和马栓友（2001）通过经验研究认为我国的财政赤字没有使利率上升，不存在财政赤字抬高利率的关系；而张帆（1999）的研究则认为财政赤字提高了利率水平。许雄奇、张宗益等人（2006）对1978~2003年中国财政赤字影响贸易收支的机制分析表明，财政赤字对贸易差额具有Granger影响，其增加会导致贸易顺差增加，而利率等则对贸易差额没有影响。从解决失衡的调整效果看，有关研究揭示了财政紧缩对调整美国外部平衡作用的有限性。Erceg等人（2005）的一项研究表明，美国财政赤字占GDP的比重减少1个百分点只能导致中期（2~3年后）美国经常项目逆差占GDP的比重减少不到0.2个百分点；类似的，IMF（2005）估计美国财政赤字占GDP的比重减少1个百分点也仅能将美国经常项目逆差占GDP的比重减少0.5个百分点。

从理论分析和实证检验的结论可以看出，财政赤字与贸易赤字之间的关系可谓复杂多变。不同情况下的财政赤字，如开放经济还是封闭经济、持久性的还是暂时性的、有限期的还是无限期的、税收融资还是债务融资抑或是货币发行融资、固定汇率制度或是浮动汇率制度等都会对研究的结论产生颠覆性的影响。而且，针对不同的研究对象、不同的时间区间、不同的理论模型所得到的结论也大相径庭。无怪乎Kim和Roubini（2004）以美国1973~2004年季度数据，通过VAR分析更是得到了一个令人惊奇的结论，扩张性的财政冲击会改善经常项目，美国并不存在"双赤字"问题。Bernanke（2005）也指出孪生赤字不全是同向变动的，20世纪90年代美国投资繁荣时期就是反向变动的。这也意味着在对国际收支失衡问题的分析时，必须将失衡置于具体的经济环境背景下来进行分析，而这也就自然导致了这一理论在解释此次国际经济失衡问题时被大打折扣。而且,从整体水平上看,政府消费往往只占整个国家消费的一小部分(当然有些国家可能相对较高),其对经常项目的影响也十分有限。因此,政府财政赤字并不构成国际经济失衡的根本原因。

三、金融效率与国际经济失衡

作为现代经济的核心部门和宏观调控的重要工具,金融从来都是经济学所关注的重点。金融发展对经济增长的影响较早就受到学术界的关注并对之进行了较为详细的讨论。[①] 金融效率作为金融发展研究的重要内容,不同国家间的金融效率差异体现在其对金融资金的作用上,进而在经济发展绩效上形成较大的差距。贸易作为推动现代经济增长的"发动机",金融发展必然会对贸易发展带来影响,进而对国际收支产生影响。近年来有不少文献开始讨论金融效率和经常项目之间的关系。从研究的内容和思路看,相关的研究内容主要包括:为什么不同的国家会具有不同的金融效率;金融效率的差异是如何影响国际收支的;以及中美金融效率的差异对中美贸易失衡影响的实证检验。

(一) 金融效率与国际收支失衡关系研究的基本结论

现有关于金融效率差异与国际收支失衡研究所得出的结论均一致认为,金融效率更高的国家往往会在经常项目上处于逆差。Chinn 和 Ito (2005) 利用信贷市场和股票市场的发展程度作为金融效率高低的衡量标准,发现信贷

---

① 关于金融发展与经济增长的文献综述可参考李鹏飞、郑江淮(2003)工作论文《金融发展、金融结构与经济增长:经验研究综述》和杨德权、梁艳(2005)《金融发展与经济增长:国外研究综述》,《财经问题研究》。他们均做了很好的综述。

市场和股票市场与经常项目盈余存在负相关关系。Caballero 等人（2006）利用可提供无风险资产的能力作为衡量金融效率差异的指标，同样也得出了更为有效率的金融体系往往具有经常项目的逆差。Mendoza 等人（2009）利用 OECD 国家 1990~2004 年的数据，采用经常项目 GDP 占比作为被解释变量，私人部门金融资源 GDP 占比和人均 GDP 作为解释变量，研究发现，私人部门金融资源 GDP 占比与被解释变量存在显著负相关关系。雷达和赵勇（2009）在 Mendoza 衡量金融发展的指标上进一步扩展，采用私人信贷率、股市交易额 GDP 占比、广义货币与狭义货币的比率以及股市市值与广义货币的比率 4 个金融发展指标，利用 1996~2006 年 9 个 OECD 国家的数据进一步考察金融发展与经常项目的关系，发现除股市交易额/GDP 指标外，其余 3 个指标均与经常项目平衡之间呈现负相关关系，而且在统计上非常显著，说明在这些国家，金融发展水平的提高的确导致了经常项目逆差的出现。

（二）为什么不同国家会具有不同的金融效率

金融效率的差异主要是指一国经济体系中金融在降低风险、配置资源、动员储蓄、便利交易和监督管理等功能（Levine，1997）方面的差别。LLSV（1998）通过统计发现，以英美为代表的盎格鲁—撒克逊国家在金融发展，尤其是资本市场的发展上具有较为明显的优势，这些国家往往在国际收支上是资本账户顺差和经常账户逆差；而日本、德国这些国家则相反，这些国家的金融效率要低于英美国家，而且在经常项目上具有大量的顺差。更进一步，LLSV 发现这两类具有不同金融效率的国家分属于普通法律体系和大陆法律体系。据此，他们从"法与金融"的视角分析了普通法系国家和大陆法系国家金融效率差异的原因。普通法系在投资者保护、产权保护、私人契约等方面具有更完善的保护，而发达的资本市场对拥有较好的投资者保护，高效的执法使投资者权利得到保障方面具有较高要求（La Porta 和 LoPez-de-Sinlanes，1998）。Demirgüc-Kunt 和 Levine（1996）研究认为，普通法系国家股东的权力能得到强有力的保护，其会计规制、低水平的腐败以及非明确的存款保险制度,使得这些国家更倾向于形成市场导向型的金融体系。而大陆法系国家轻股东和信贷者权力保护,重债权人权利保护的制度,往往形成的是以大银行为主的低效率的金融体系(王信,2005)。在解释为何法律制度在投资者保护、产权保护、私人契约方面的差异会造成金融发展的差异时,LLSV 又将之归结为这些国家法律起源的不同。他们将全球不同国家法律的起源分为 5 类,即英美国家(English)、法国(French)、德国(German)、斯堪的纳维亚(Scandinavian)和社会主义国家(Socialist),并通过实证证实,在这些不同法律起源的国家中,普通法系(the English Common Law)国家对中小股东具有最好的保护,因而其资本市场最发达。而大陆法系(the Civil Law)的国家对投资保护较差,其中社会主义体系(the Socialist Syestem)最弱,法国民法法系(the French Civil Law)国家对投资者保护次之,因而他们的资本市场规模和绩效都相对较差。

(三) 金融效率差异对国际收支失衡的影响机制

从金融体系作用的对象看,金融效率的差异导致国际收支失衡的影响机制分别体现在对家庭、企业、政府等方面。

1. 金融效率差异对家庭的影响

陈志武(2009)、祝丹涛(2008)总结了金融效率差异对家庭的影响,认为金融效率差异对家庭的影响主要表现在储蓄—消费行为上。高效的金融体系可以降低家庭的储蓄率,尤其是体现在家庭的预防行为储蓄上。良好的金融体系往往可以提供各种金融产品,为家庭提供充足的社会保障,同时,金融市场的发达也为居民的投资选择提供了更多的机会。总体上,金融效率高,则该国居民在储蓄—消费行为上表现为"低储蓄,高消费"。在其他条件不变情况下,根据等式 $CA = S - I$ 可知,低储蓄,高消费即 S 减小,I 增加,势必导致经常项目的逆差。Willen(2004)也发现,用市场不完全程度刻画的金融效率差异正是通过对家庭储蓄的影响作用于经常项目的。

2. 金融效率差异对企业的影响

金融效率低的国家普遍存在金融资金配给或是企业融资能力不足的情况。企业作为资金需求的主体，在储蓄不变，而资金需求因金融效率低下得不到满足时，同样是根据等式 CA = S – I，剩余的资金只能是以经常项目顺差的形式外流。Boyd 和 Smith（1997）研究表明，金融市场效率主要是通过对投资的影响作用于经常项目。

3. 金融效率差异对政府的影响

金融效率对政府的影响主要体现为高效的金融体系对政府而言则意味着更低的融资成本，政府可以轻易地以低成本为财政赤字融资，进而放松财政约束（祝丹涛，2008）。

（四）中美金融效率差异与中美贸易失衡关系的经验研究

宋铮（2010）通过对我国国有企业和私营企业生产效率和融资能力方面的比较，认为国有企业资本收益率仅有私营企业的一半，而国有企业获得银行贷款和政府资助占其投资总额的比重却是私营企业的 3 倍以上。虽然私营企业效率较高，但国有企业更能获得金融机构的青睐，我国的私营企业一直都存在融资难问题，发展中的金融需求只能靠自我留存收益、个人和家庭储蓄的自我融资来满足。而自 1992 年市场化改革以来，随着国有经济比重不断下降，私营经济比重的上升，导致贷款的"有效"需求大幅萎缩。与此同时，中国金融系统效率的低下，又导致了居民预防性储蓄率快速增长，如此一来，一方面是逐步萎缩的贷款，另一方面是日益增加的存款，于是就形成了自 1994 年以来我国持续的贸易顺差。袁志刚和张若雪（2009）也表达了同样的看法，认为中国的宏观经济运行动态无效，储蓄过多，金融市场效率低下造成资金无法流入最有效率的行业和企业，储蓄无法转化为有效投资。储蓄高于投资的部分表现为经常项目顺差和外汇储备的增加，中国 2 万多亿美元的外汇储备从本质上讲是中国居民的储蓄存款在国内找不到好的投资项目造成的。

美国之所以和中国做了"对家",又与当今的国际货币体系中美国的全球"央行"地位,以及其最具活力和效率的金融体系有着密切关系。[①]自布雷顿森林体系解体以来,国际金融体系就一直处于动荡不定之中,由于美元的传统国际地位,以及美国外围国家发展经济需要稳定的金融环境之需,往往采取了钉住美元的政策。实际上,美元仍然充当着国际中心货币的职能,并且充当了唯一的国际中心货币,有学者(Dooley, Folkerts & Garber, 2003, 2004)将这一体系称为布雷顿森林体系Ⅱ或者复活的布雷顿森林体系。尽管现行的国际货币体系并没有像布雷顿森林体系一样在法律地位上得到认可,但在这个货币体系中,各国货币具有明显的非均衡特征(Mckinnon, 2001)。

首先,美元本位制下,美元霸权表现为中心—外围的框架体系。其在国际货币体系中处于主导地位,而其他国家货币位于被支配地位。美元是最主要的国际计价货币、最主要的国际储备货币以及国际外汇市场上最主要的交易品种。其次,美元是美联储发行的货币,其他经济体货币当局不能发行和创造美元,这为美国带来了铸币税的收入(夏斌、陈道富, 2006)。最后,美元的货币锚作用也非常明显,很多国家的汇率、利率都采取钉住美元的方式(黄晓龙, 2007)。于是,中国的外汇储备大量投资于美国的国债和其他金融资产,助推了美国资产价格的上涨和长期利率的走低。通过金融机构的各种创新所带来的财富效应,美国居民消费欲望倍增,储蓄率持续走低,进而形成了一种欧美"高消费,低储蓄"与亚洲等新兴国家"低消费,高储蓄"并存且紧密联系的互补关系(张捷, 2009)。

从经验研究结论看,金融效率差异的确对国际经济的失衡具有重要的影响。但是,换个角度看,美国金融上的高效率并向全球提供金融产品,中国等东亚国家在金融上的低效率并主要向全球出口制造品,所体现的正是一种新形态国际分工模式。美国利用金融上的比较优势向中国等其他制造业国家

---

① 美国金融优势主要体现在两个方面:一是美国金融业发达,金融资产具有较强的吸引力;二是流动性成为发展中国家购买美元资产的首要目标,投资收益率反而成了次要目标(王自锋、张伯伟、王君, 2009)。

出口金融服务,而中国等东亚国家利用在制造业上的比较优势向美国等服务业国家出口制造品。因此,可以把金融效率差异导致国际经济失衡纳入更具一般性的国际分工——具有服务贸易比较优势国家与货物贸易优势国家之间的分工——来进行分析。

四、国际分工与国际经济失衡

针对20世纪90年代以来,中国逐步融入全球制造业生产网络,并伴随贸易顺差越来越大这一现象,国内学者卢锋(2004)较早从国际分工的角度,认为中国的大量贸易顺差与其所参与的国际分工类型有着莫大的关系,是中国实行改革开放战略和参与全球产品内分工的特定阶段产物。张少军和张少华(2008)认为我国的双顺差形成及外汇储备持续扩大的原因与中国在全球价值链中的定位有密切的关系。中国在加入全球价值链(GVC)时,由于处于"世界工厂"的低端位置,形成了以外资代工为主的生产贸易模式,中国的国际收支顺差只是中国经济嵌入全球价值链模式的货币镜像。同时,由于整个东亚地区在国际经济失衡中扮演了重要的角色,集中了全球60%的外汇储备,而且东亚区域内部又形成了复杂的、独具特色的区域生产网络,因此现有文献在从国际分工的角度研究失衡问题时,主要把东亚生产网络作为研究对象来理解中美贸易失衡,以及中国、美国和东亚其他经济体之间的"三角贸易"关系。

(一)东亚生产网络的形成

张海霞(2010)较为完整地总结了东亚生产网络的特征及形成基础。在特征上,东亚区域经济具有极强的联动性和整体性,在从雁行模式向区域生产网络演进过程中体现出动态综合比较优势和竞争优势兼具的演进模式。在形成基础上，整体而言东亚区域生产网络形成的基础还是建立在比较优势基础上的区域内各国竞争优势的实现。其动态综合比较优势表现为：区域内国家在生产优势上保持着一定的阶梯形态；地理相邻和文化相近的交易优势；历史分工优势；难以复制的区域内产业集群所带来的规模经济；中国经济快速发展对整个东亚区域生产网络形成的强大衔接能力等。竞争优势表现为：跨国公司在东亚区域的投资战略、区域产业集群网络、中间零部件的相互需求与区域外最终消费品需求相结合，以及政府产业政策推动对竞争优势的形成具有重要影响。

（二）东亚生产网络中中美，以及中美日等东亚其他经济体的"三角贸易"关系

柳剑平和孙云华（2006）从垂直专业化分工的角度对中美之间的贸易顺差进行了解释。认为，在产品价值链上，中美之间并没有直接的前向联系，中国对美国的顺差主要源于产业间的分工不同，而中国对东亚经济体（日本、韩国）的逆差主要源于垂直专业化分工。在中国所参与的东亚区域生产网络中，中国在垂直专业化分工体系中处于制造产品加工组装的末端，而日本、韩国则处于垂直专业化分工的上游，因此中国需要从东亚经济体进口大量的上游环节的中间产品，进而导致了中国对东亚其他经济体的贸易逆差，中国与美国之间的分工仍然以产业间分工为主，即中国对美国的出口以劳动密集型加工产品为主，而进口则以原料型产品、技术密集型和资本密集型产品为主。北京大学中国经济研究中心课题组（2004）采用 Hummels（2001）等人估算垂直专门化比率的方法，对中国、美国和东亚其他经济体之间贸易垂直专门化程度进行了计算，结果说明日本、韩国部分地把中国作为他们生产过程的延续，日本、韩国和中国形成了一个相对独立的生产体系再向美国出口。刘万锋（2008）利用1993~2005年中美贸易顺差和中国对东亚国家贸易逆差数据，采用格兰杰、协整、脉冲响应等检验技术分析了二者之间存在长期协整关系和显著的因果关系。中美贸易顺差对来自中国与东亚国家贸易

逆差的随机扰动具有正效应,并且具有很强的持续性,进而也更进一步说明了中美贸易顺差的产生与东亚地区所形成的生产网络具有内在逻辑联系。

徐建炜和姚洋(2009)提出,国际分工模式正逐步向新形态的国际分工演进,即服务业与制造业之间的分工演进,而这种分工模式才是造成此次国际经济失衡的根本原因。在实体经济上具有比较优势的国家(制造业强国和石油输出国)出口货物,因而拥有大量的经常账户盈余,而在虚拟经济上具有比较优势的国家(主要是美国和英国)出口金融服务,因而拥有大量的经常账户赤字。他们通过构造一个金融市场—制造业比较优势指标,利用1990~2006年全球40个国家的贸易数据进行了系统的计量检验,发现这种新形态的国际分工可以解释2001~2004年中国对美国贸易盈余的40%以上。尽管徐建炜和姚洋提出了新形态的"服务—制造"分工是造成此次国际经济失衡的根本原因,但遗憾的是他们并没有具体分析造成这种失衡的机制,也没有去分析"服务—制造"新形态国际分工的演进过程及其分工形成的动因(基础)。

除本章所总结的关于国际经济失衡原因解释的四方面外,还有其他学者也提出了一些不太成熟的零星观点,如 Henriksen(2005)认为经济增长率的差异和人口结构是导致全球失衡的根源,较高的经济增长率和较高的人口抚养比刺激国内支出,从而导致经常账户赤字。但这些观点往往与现实表现存在较大差距,因而并没有被广泛接受。

五、本章小结及本书分析视角

本章根据现有文献从四个方面对国际经济失衡原因的解释进行了总结,即汇率因素、财政赤字因素、金融效率因素以及国际分工因素。从文献结论的总结中可以得出,虽然汇率因素确实会对国际收支失衡以及中美贸易失衡产生影响,但绝非主要因素。历史借鉴和经验事实都证明,人民币升值(美元相对贬值）根本不可能解决中美贸易长期的结构性失衡问题，必须从实体经济层面去寻求解决的方案。一定程度上，财政赤字可能会对国际收支产生影响，但整体上由于政府消费在总消费中所占比例较小，"双赤字或孪生赤字"现象绝大多数的时候并未出现，对绝大多数国家也并不适用，因此更不可能是构成国际经济失衡的主要原因。金融效率差异所引致的欧美"高消费，低储蓄"以及东亚国家"高储蓄，低消费"现象，并最终导致国际经济失衡，其显示的正是一种国际分工形态——金融比较优势国家与金融劣势国家之间的分工，更一般的则可以归结为本书将要讨论的"服务—制造"新形态国际分工对国际经济失衡的影响。而且相对现有文献从东亚生产网络分工分析中国、美国和东亚其他经济体的贸易失衡问题而言，这种"服务—制造"的新形态国际分工更具一般性。

因此，本书立足从实体经济层面来分析此次国际经济失衡的原因，提出从"服务—制造"新形态国际分工视角来理解此次国际经济失衡。研究的基本思路是从分析当代国际分工演进的历程和特征开始，探讨新形态国际分工演进的路径，分工演进的动因（基础），新形态国际分工对国际经济失衡影响的机制，以及对国际经济失衡影响的程度等顺次展开的。并通过较为严密的逻辑分析和实证检验来全面说明"服务—制造"新形态国际分工对国际经济失衡的影响。

第三章　当代国际分工演进的历程及特征

　　自产业革命和机器大生产建立至今，历经200多年的演进，国际分工先后经历了四种主要的分工形态，① 即由传统工业制成品与农矿业（初级产品）之间的产业间分工，工业内部各产品部门之间的产业内分工，进而深入到同一产品不同价值链增值环节上的产品内分工，再转向服务业与制造业之间的现代产业间分工的不断深化和螺旋上升的过程（见图3-1）。通过对当代国际分工形态演进的历程及特征的归纳总结，将有助于清楚地认识和准确地把握国际分工演进的规律，为探讨现代产业间"服务—制造"新形态国际分工形成的动因打下基础。本章主要包括如下内容：一是传统产业间分工的特征；

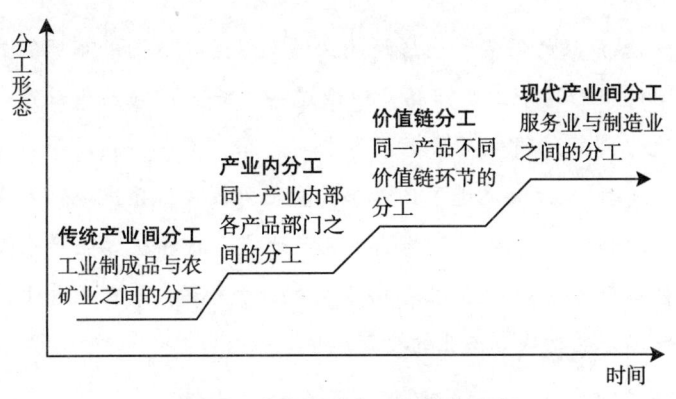

图3-1　当代国际分工演进的历程

---

① 一般认为，真正意义的国际分工是伴随产业革命和机器大生产的建立才开始的（杨国亮、张元虹，2007）。

二是产业内分工的特征;三是价值链分工的特征;四是现代产业间分工的特征,最后对当代国际分工演进规律作一个客观总结。

一、传统产业间分工——工业制成品与农矿业之间的分工

以蒸汽机的发明和应用为标志,一系列的科学技术革命引发了生产方式从手工业劳作向动力机器生产转变的重大飞跃,人类劳动生产率得到了极大的提升。在航海、铁路等大规模长途运输技术的应用下,率先使用机器和完成工业革命的先进国家开始逐步垄断了工业消费品生产。机器化生产所带来的产品相对过剩和国内原材料供给的矛盾,迫切需要寻求海外产品销售市场和原材料供应基地。于是,这些率先使用机器的工业国家通过利用其商品和军事上的优势"打开"了落后国家的市场大门,强迫落后国家成为其原材料供应基地和工业消费品的进口国。恰如马克思在《资本论》中所言:

"……机器产品的便宜和交通运输业的变革是夺取国外市场的武器。机器生产摧毁国外市场的手工业产品,迫使这些市场变成它的原料产地。例如东印度就被迫为大不列颠生产棉花、羊毛、大麻、黄麻、靛蓝等。大工业国工人的不断'过剩',大大促进了国外移民和把外国变成殖民地,变成宗主国的原料产地,例如澳大利亚就变成了羊毛产地。一种和机器生产中心相适应的新的国际分工产生了,它使地球的一部分成为主要从事农业的生产地区,以服务于另一部分主要从事工业的生产地区。"①

因此,这种传统产业间的分工完全是一种赤裸裸的掠夺和被掠夺的分工

---

① 马克思. 资本论 [M]. 北京:人民出版社,1975.

形态。一方面,殖民地国家为宗主国制造业的发展提供了初级农矿产品,并吸收了宗主国的"过剩"的工业制成品,缓解了宗主国经济发展中因为初级产品的来源和制成品的销售出路的严重制约。另一方面,殖民地国家出口的农矿产品等原材料价格却被迫人为严重压低,国际交换的贸易条件不断恶化。工业消费品生产国成为绝对利益获得者。而且,由于"被分工"的地位,殖民地国家所创造的利润被宗主国所掠走,国内资本积累不足,无法有效建立其自身的工业基础,经济发展缓慢甚至越发落后,并彻底沦为工业消费品国和宗主国的资源掠夺以及商业殖民地,典型的如拉美地区:

"拉美各国的国民经济命脉受到各帝国主义国家的控制,丧失了本国的经济独立,变成了半殖民地;服从于外国资本的掠夺贪欲,拉美各国经济的发展日益畸形片面,向帝国主义者供应工业原料的采矿业、某些特定的农业和畜牧业部门得到了片面的扩大,交通运输、商业及信贷事业的发展,也只以满足外国资本的投资和输送商品的便利为限;至于本国工业基础的建立,以及工农业比较全面的发展,则由于帝国主义的阻挠而无法实现;外国资本每年从拉美搜刮走了巨额的利润,剥夺了拉美的资本积累,使拉美各国的经济愈来愈落后;在帝国主义者的残酷剥削下,拉美人民的生活极端贫困,各国的财政状况也不断恶化。这种情况直至第二次世界大战后才有所变化。"①

二、产业内分工——同一产业内各产品部门之间的分工

20 世纪 60 年代末以来,随着殖民地国家逐步走向独立以及工业化国家

---

① 拉丁美洲经济的殖民地化和半殖民地化 [N]. http: //baike.gqsoso.com/doc-view-41394.

生产规模的扩大，工业国家传统的"进口初级农产品，出口工业制成品"的模式逐渐改变，而同类工业产品之间的贸易量大大增加，尤其是发达工业国家之间的贸易增加尤为迅速。如美国作为主要的汽车生产国和出口国，同时也要从日本、德国、法国等国进口大量的汽车——这种既出口又进口同一产业产品的贸易模式被称为"产业内贸易"（Intra-industry Trade，IIT）。Verdoom（1960）在考察比、荷、卢经济联盟[①]内部的贸易形式所发生的变化时，首次关注了这种贸易形式并且发现，在其内部各国专业化生产的产品大多属于同一贸易分类目录。Michaely（1962）把商品分为5类，在对36个国家商品进口和出口差异性系数的计算发现，发达国家之间的进出口商品组成有较高的相似性，发展中国家之间的进出口商品相似性较小。Balassa（1966）、Grubel和Lloyd（1975）等人也相继发现在同一产业内部存在着这种分工形态和双向国际贸易现象。

显然，如何定义和测度产业内贸易是衡量产业内分工演进及特征的关键。从统计的角度，一般主要是依据联合国《国际贸易商品标准分类》（Standard International Trade Classification，SITC）至少前三位数[②]相同的产品既出现在一国的进口项目中，又出现在该国的出口项目中才算为产业内贸易。Grubel和Lloyd（1975）提出了测度产业内贸易发展水平的G-L指数，即 $IIT = 1 - |X - M|/|X + M|$，其中 X 和 M 分别表示对一种特定产业和某一类商品的出口额和进口额。IIT 的值介于 0 和 1 之间，当一个国家只有进口

---

① 比荷卢经济联盟是指比利时、荷兰和卢森堡组成的全面一体化的经济联盟。早在1943年10月比、荷、卢三国流亡政府在伦敦签署了关于战后调整彼此支付关系并加强刺激经济联系的协定。1994年正式签署了比荷卢关税协定，1953年签订了关于协调经济与社会政策的决议和采取统一的自由贸易政策议定书。1958年正式签署《比荷卢经济联盟条约》。

② 以此为标准，货物贸易大致被划分为10大类，分别为（0）食品、供食用的活的动物；（1）饮料、烟草；（2）非食用原料、生皮、生元皮、油籽类、橡胶（天然、合成）、木材、纸浆、纺织纤维、天然肥料、金属矿砂；（3）矿物燃料、润滑油及有关原料（煤、石油、天然气及其产品）；（4）动、植物油脂与蜡；（5）化学制品；（6）皮革及其制品、橡胶制品、木制品、纸、纸板、纸制品、纺纱的织物等制品、矿冶、金属制品；（7）机械及运输设备；（8）卫生、水运、供热、照明设备、家具及零件、旅行用品、服装及附件、鞋靴、仪器、器材、钟表；（9）难以分类的其他商品。其中第0+1、2+4类和第3类商品大多是传统初级产品；第5类和第7类商品大多为资本或技术密集型的制成品；第6+8类多为劳动密集型制成品；第9类包括邮件、武器等非常规商品。

或只有出口时，IIT = 0，即不存在产业内贸易；当对某一商品的进口等于出口时，IIT = 1，即产业内贸易达到最大，IIT 值越大，表示产业内贸易的程度越高。Grubel 和 Lloyd 根据公式计算了 1967 年 10 个工业化国家不同产业的 IIT 指数，发现这些国家的原油、润滑油产业 IIT 的加权平均值为 0.30，与之相关的化工工业 IIT 达到 0.66，而且这 10 个国家所有产业的混合加权平均 IIT 值也达到 0.48——说明在这 10 个工业化国家 1967 年的相互贸易额中，同一产业差别商品的交易占据了一半左右。同时，还对不同年份 G-L 指数进行了计算，随着贸易的扩大这 10 个国家的 IIT 值呈现不断上升的趋势，1958 年为 0.36，1964 年为 0.42，1967 年为 0.48，1987 年为 0.578。

整体而言，20 世纪 60~90 年代，无论是发达国家还是发展中国家，其产业内贸易额均有了大幅度的上升（见表 3-1），某些国家的产业内贸易额甚至占到其贸易总额的 50% 以上。但是，从 IIT 值的计算公式可以看出，IIT 值的大小在很大程度上取决于如何定义一个行业或产品，行业或产品定义得越宽泛，IIT 的值就会越大。不过大多数研究者已经接受了 SITC 三位数的分类是接近"产业内贸易"统计分类较为合适的划分标准。

表 3-1　部分国家制造业部门产业内贸易 G-L 指数（1970 年和 1987 年）

工业化国家	1970	1987	发展中国家	1970	1987
美国	0.551	0.610	印度	0.223	0.370
日本	0.328	0.280	巴西	0.191	0.455
德国	0.597	0.664	墨西哥	0.297	0.546
法国	0.781	0.838	土耳其	0.165	0.363
英国	0.643	0.800	泰国	0.052	0.302
意大利	0.610	0.639	韩国	0.194	0.422
加拿大	0.624	0.716	阿根廷	0.221	0.364
西班牙	0.412	0.674	新加坡	0.442	0.718
平均	0.568	0.653	平均	0.223	0.443

资料来源：海闻，P. 林德特，王新奎. 国际贸易 [M]. 上海：上海人民出版社，2003.

从产业内分工类型看，产业内分工主要可分为同质产品的产业内分工、产业内水平分工和产业内垂直分工。其中同质产品产业内分工是指两国之间发生具有完全替代性的同质产品的分工；产业内水平分工主要是发达国家之间的分工；产业内垂直分工主要是发达国家与发展中国家之间的分工。发达国家从事资本、技术密集型产品的生产，属于制造业的高端产品；发展中国家主要从事劳动密集型产品的生产，属于制造业的低端产品。相应地，产业内贸易的形式也可以分同质产品的产业内贸易，是指两国之间发生具有完全替代性的同质产品的双向贸易现象；水平差异产品的产业内贸易（Horizontal Intra-industry Trade，HIIT），是指两国进行双向贸易的产品为同一种类但属性不同的水平差异产品，这些产品的显著差异主要在于产品的品牌、设计、特色花样、售后服务等综合因素；垂直差异产品的产业内贸易（Vertical Intra-industry Trade，VIIT），是指两国进行双向贸易的产品属于同一种产品，但却存在质量差异，主要在附加值和技术水平方面存在明显区别。

全球产业内贸易快速发展的进程中，由于东亚地区各经济体的紧密联系，其产业内分工和产业内贸易尤为突出。通过日本对东亚区域的不断产业转移和加速直接投资，以及东亚各经济体通过贸易和积极吸引直接投资参与区域内分工和产业结构的调整。在20世纪90年代，随着东亚各经济体人均GDP的提高所带来的物质基础和市场条件，整个东亚区域产业内贸易获得了巨大的发展，并以线性的产业内垂直分工为主（即日本-NIEs-东盟四国和中国），尤其是在SITC划分标准下的5、7和6+8类产业内贸易方面，东亚区域各经济体的贸易表现出较高的G-L指数（见表3-2）。一般地，若G-L指数大于0.5表示该产业的贸易模式以产业内贸易为主，G-L指数小于0.5则以产业间贸易为主。表3-2显示东亚各国在5、7和6+8类的G-L指数基本都大于0.5，有的甚至达到了1。

表3-2　东亚经济体各大类产品产业内贸易G-L指数（1990年和1996年）

国家或地区	产品类别					
	0+1	2+4	3	5	7	6+8
日本	0.09	0.12	0.05	0.99	0.30	1.00
	0.06	0.18	0.07	0.89	0.46	0.94
中国香港	0.68	0.87	0.42	0.83	0.96	0.91
	0.68	0.77	0.62	0.88	0.88	0.95

续表

国家或地区	产品类别					
	0+1	2+4	3	5	7	6+8
新加坡	0.74	0.20	0.12	0.51	0.97	0.38
	0.87	0.25	0.27	0.82	0.89	0.92
韩国	0.74	0.20	0.12	0.51	0.97	0.38
	0.51	0.25	0.27	0.82	0.89	0.92
马来西亚	0.83	0.28	0.43	0.33	0.84	0.92
	0.66	0.24	0.50	0.64	0.96	1.00
泰国	0.40	0.78	0.12	0.24	0.54	0.96
	0.40	0.99	0.39	0.58	0.58	0.92
菲律宾	0.77	0.78	0.17	0.30	0.46	0.97
	0.70	0.86	0.21	0.22	0.79	0.91
印度尼西亚	0.54	0.89	0.30	0.31	0.08	0.68
	0.98	0.70	0.45	0.45	0.44	0.58
中国内地	0.68	0.82	0.39	0.72	0.67	0.66
	0.69	0.53	0.92	0.66	0.78	0.64

资料来源：史智宇，易行健，唐建伟.东亚产业内贸易的发展趋势 [J].世界经济，2003（12）.

三、价值链分工——同一产品内不同价值链增值环节的分工

价值链[①]（Value Chains）主要是指一种商品在生产过程中所经历的从原材料处理到最终产品形成的各个连续的价值增值阶段。具体而言，可以分为

---

① 学者们对这一分工模式给出了不同的名称，如多阶段生产（Dixit & Grossman，1981）、价值链切分（Krugman，1995）、生产非一体化（Feenstra，1998）、产品内分工（Arndt，1997，1998，2001）、片断化生产（Jones & Kierzkowski，1990，1998，2000）、垂直专业化（Hummels, Rapoport & Yi，1998；Hummels, Ishii & Yi，1999，2001）、全球生产共享（Ng & Yeats，2001）、外部采购或外包（Grossman & Helpman，2002）等。到目前为止，并没有一个普遍接受的统一概念，而且建立在不同概念基础上的研究侧重点也各不相同。为表述需要，本书接受国内外使用较为广泛的价值链这一名称，但在某些时候也会采用如产品内分工等名称，两者指的都是同一种分工。

三大环节：一是技术环节，包括研究与开发、产品设计、组织设计等分环节；二是生产环节，包括专用设备生产、零部件生产、终端加工组装、测试、质量控制、包装等分环节；三是营销环节，包括原料采购、分销物流、批发及零售、广告、品牌管理及售后服务等分环节，当然也应包括所有参与者在其中参加价值创造和利润分配过程。由于这些环节或者活动本质上就是一个个价值创造过程，其前后有序的承接关系和价值大小也就可以用价值链条的形式来表示。[①] 作为分工的领导者和组织者，随着跨国公司通过在世界各地的生产资源的整合，采用投资建厂或业务外包的形式，建立起世界范围的工厂或制造飞地，形成一张庞大的全球生产网络（Global Production Network，GPN）。这一背景下，产品价值链也在全球范围内形成了全球价值链（Global Value Chains，GVC），即在全球范围内组织最佳的价值生产过程。于是，这一巨大的跨国界的生产链条联结了分布于不同国家的技术环节、生产环节以及营销环节。

全球价值链分工与产业内分工最明显的区别是，全球价值链分工打破了产业内分工中的国家边界，突出了跨国公司在国际分工和贸易中的主导地位。出于资源优化配置的考虑，跨国公司根据不同生产环节的要素密集型特征而在全球范围内寻找最优的区位进行相关的产品生产环节布点，主要是将具有劳动密集型的加工生产组装等制造环节转移至发展中国家，具有资本（包括人力资本）、技术密集型特点的上游品牌、融资、研发和下游物流、营销等服务环节置于发达国家。如此一来，企业竞争优势与国家比较优势的统一关系发生了一定程度的分离，企业的竞争优势不再仅仅来源于一国的比较优势，而是来自于世界各国的比较优势（曹明福、李树民，2007）。但是，基于全球价值链分工的各个链节之间的地位并不是平等的，由此利润的分配也是不平等的，在价值链分工中占据主导地位的链节往往在利润分配上拥有绝对的控制权（Gereffi，1994）。有关全球价值链的分工环节及其利润分配可以从苹果第五代 iPod 产品的生产过程一目了然。

---

① 最为经常采用的如"微笑曲线"（Smile Curve）。

【苹果第五代 iPod】苹果第五代 iPod 产品总价值 299 美元，共有 451 个部件，其主要部件的分工网络和价值分割体系基本如下：

——销售：美国渠道商和零售商获取 75 美元。

——资源整合：美国苹果公司获取 80 美元。

——硬盘：日本东芝公司提供，价值 73 美元，东芝得 19 美元，实际生产地在中国。

——显示器模块：东芝合资公司提供，20 美元，在日本生产。

——芯片：美国公司提供，13 美元，生产地在美国或新加坡或中国台湾；

——储存器：韩国公司提供，2 美元，在韩国生产。

——组装：中国内地（中间通过台湾代工商），得近 4 美元。

苹果公司第五代 iPod 的生产分工和价值链的形成已经完全在全球范围内进行。苹果公司是产品的拥有者，但并不实际从事生产，在 299 美元的价值链中得到 80 美元。日本东芝公司是这一价值链的主要参与者，因为其中的关键部件，即内存达 30G 的硬盘是由该公司提供的，但硬盘的实际生产地在中国，而硬盘中又有许多零部件是由其他国家的企业提供的，东芝合资公司只能得其中的 19 美元。美国公司提供的芯片是另一关键部件，价值 13 美元，但生产地也可能不在美国。在这一价值链中所得最少的是韩国和中国。韩国的企业提供价值量不大的存储器，只获得 2 美元的价值。如果不算硬盘在中国的制造价值部分，中国得到 3.7 美元。严格来说，这 3.7 美元的价值是由台湾代工商通过外包的方式获得，至于有多少价值真正为中国内地所创造，不得而知。

资料来源：徐康宁，陈健. 国际生产网络与新国际分工 [J]. 国际经济评论，2007（6）.

价值链分工在贸易上的体现就是，20 世纪末以来建立在此基础上贸易的盛行（Kohler，2003）。当国际分工对象从产品层面深入到工序层面，特定产品的生产过程被拆分为不同的生产阶段分散到不同国家与地区进行生产，国际贸易的性质因此发生了重要改变，贸易量也因此大幅增加（Hummels，1998、2001），尤其是在汽车、电脑、电子等领域更是被迅速地实现，产品内贸易成为这一时期国际贸易最重要的组成部分。1980~2006年，世界中间产品贸易额由6365.867亿美元增加到52775.885亿美元，增长了7.3倍，零部件贸易额从1489.613亿美元增加到19716.483亿美元，增长了12.2倍。①而在产业内贸易基础上演变为越来越具有紧密区域生产网络特征的东亚地区，产品内分工的零部件贸易额更是增长迅猛。SITC7类和SITC8类贸易中，零部件贸易甚至占到了整个贸易比重的35%以上，贡献率达45%（见表3-3）。显然，这一时期价值链分工已成为东亚区域分工的主要表现形式。②

表3-3 零部件在制成品进出口中的比重及贡献率

国家（地区）	零部件占制成品进出口比重								零部件的贡献率	
	1992年		1996年		2000年		2003年		1992~2003年	
	出口	进口	出口	进口	出口	进口	出口	进口	出口	进口
东亚	19.2	19.8	28.0	27.9	32.0	35.4	27.9	34.6	34.9	45.4
日本	21.2	14.2	30.0	19.3	30.6	24.2	27.9	21.5	47.1	27.7
东亚（日本除外）	17.5	21.1	26.7	30.2	32.8	38.4	27.9	37.4	33.2	48.8
中国	5.5	17.6	9.8	21.1	14.5	33.5	15.2	34.3	17.1	38.4
韩国	17.1	25.2	25.2	27.4	30.6	38.9	25.5	33.6	30.9	40.7
东盟	24.7	28.2	35.0	39.3	44.4	48.6	40.6	47.1	49.5	67.8
印度尼西亚	3.7	18.5	7.4	23.8	14.2	19.4	13.9	18.5	24.5	18.5
马来西亚	38.7	35.2	42.6	47.5	49.7	58.8	42.7	55.7	44.6	74.4
菲律宾	19.8	24.8	52.5	43.6	64.0	55.1	63.8	63.1	70.0	76.5
新加坡	27.0	30.0	39.7	42.8	49.6	51.7	46.7	49.2	59.8	70.8
泰国	19.1	24.7	23.4	32.9	35.9	39.8	26.7	32.5	31.0	41.0
北美自由贸易区	25.3	18.9	27.2	23.6	28.1	22.8	25.6	17.7	26.0	16.9
欧盟	15.9	15.3	17.7	18.9	18.9	20.3	16.7	17.6	17.9	21.8
全世界	17.9	16.8	20.3	19.8	25.4	24.5	21.1	20.7	24.4	24.4

资料来源：张海霞.东亚产业内贸易与东亚国际生产分工网络浅析[J].亚太经济，2008（6）.

---

① 张海霞."东亚国际分工体系的演变——原因、特征及实证分析"[D].暨南大学博士论文，2010.

② 在文献阅读过程中发现，很多时候众多研究者在其统计的产业内贸易额中也包含了产品内分工的贸易额，产业内贸易与产品内分工的贸易并未作严格的区分。这一点也容易理解，因为产品内分工是产业内分工下的进一步细分，两者没有本质的区别。正如上述对两种分工特征的描述，产业内分工主要是同一产业内水平或垂直产业的同类产品的相互贸易，而产品内分工更注重的是在某一产品价值链形成过程中，不同国家或地区参与价值增值或生产以及其所处的具体位置。

四、现代产业间分工——服务业与制造业之间的分工

受人均收入水平的提高、国内劳动力成本上升以及资源环境承载的压力,发达国家逐渐在发展制造业上失去了比较优势。发达国家的跨国公司逐步退出制造环节,通过对外直接投资(FDI)将制造环节转移到发展中国家,而自身更专注产品生产的上游融资、研发和下游物流、营销等生产性服务环节并成为普遍趋势,曾经伴随加工生产制造环节的生产性服务业逐步从制造环节中分离出去,即"去制造业化"。与此对应,另一些国家,包括传统的制造业大国和新兴市场化国家则在发展制造业方面显示出了较强的比较优势。传统制造业大国,如德国、日本等,通过其在战后积累的大量物质资本和人力资本,并充分挖掘其自身特有的适宜于制造业发展的要素禀赋优势,大量生产并向全球出口制造品,只不过他们的优势集中在高端消费品和高附加值的中间投入品上;新兴市场化国家,如中国、东盟地区等,通过利用他们丰裕且廉价的劳动力积极融入这种新形态国际分工中,并出口相对低端的消费品和低附加值的中间投入品。于是,分工不断深化的结果就是从制造业内部分化出生产性服务业,① 导致产品内分工跨越制造业的樊篱嬗变为制造业与服务业之间的现代产业间分工。当制造与生产性服务环节在分别发挥规模效应而出现集聚时,地理上,这种分工的深化也就催生出了部分国家更专业化于服务业,另一部分国家则专业化于制造业的新形态国际分工(见图3-2)。而贸易关系上则体现为一部分国家具有服务贸易的比较优势和一定的服务贸易顺差;另一部分国家具有货物贸易的比较优势和较大份额的货物贸易顺差。

---

① 当然,这一分工深化的结果也是制造业与服务业的产业边界逐渐趋于模糊。

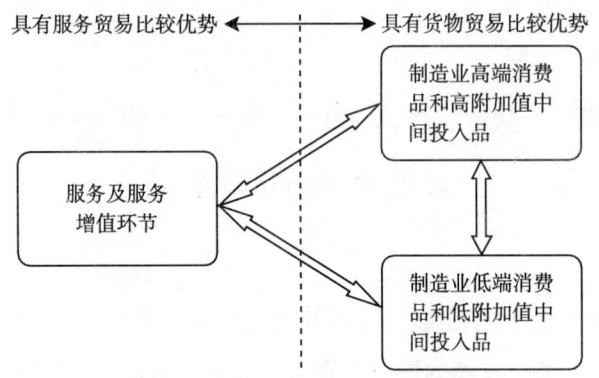

图 3-2　现代产业间分工格局示意

因此，现代产业间分工的特征之一就是，在国际分工逐步向"服务—制造"分工演进的过程中，尤其是进入新千年以来，不仅全球货物贸易尤其是制造品贸易取得了迅速发展，服务贸易也一直呈加速发展趋势。服务贸易出口额从 2001 年的 15577 亿美元增长到 2007 年的 34447 亿美元之多，短短 7 年就扩大了一倍多，年均增长幅度达到 14.4%，[①] 并同货物贸易一道成为推动世界经济增长的重要力量之一。对那些逐步退出制造业环节而专注于服务及服务增值环节的国家和地区而言，服务经济及服务贸易在整个国民经济中所占比重就更为明显，两类国家在服务经济和贸易上的差别也更为显著。从贸易结构看，在部分国家（地区），服务贸易出口额与货物贸易出口额已经不相上下。2007 年克罗地亚服务贸易出口占其总出口的比重为 49.7%，爱尔兰为 44.7%，英国为 39.2%，丹麦为 38.1%，约旦为 37.5%，印度为 36.8%，美国为 30.5%；而另一部分国家如墨西哥的服务贸易出口只占其贸易出口的 6.1%，中国为 9.1%，印度尼西亚为 9.6%，俄罗斯为 10%，越南为 11%，马来西亚为 14.3%，日本为 15.9%，前者是后者的两倍多。从相对水平看，以 2005 年显示性比较优势指数（Revealed Comparative Advantage，RCA）衡量的服务贸易比较优势差别更大。克罗地亚的服务贸易出口 RCA 为 2.46，爱尔兰为 2.21，英国为 1.94，丹麦为 1.88，约旦为 1.85，印度为 1.82，美国为

---

① 根据世界银行 World Development Indicator 数据库计算得到。

1.51，而墨西哥只有 0.30，中国为 0.44，印度尼西亚为 0.47，俄罗斯为 0.49，越南为 0.55，马来西亚为 071，日本为 0.79（见表 3-4）。①

表 3-4　部分国家服务贸易发展水平比较

	具有服务贸易比较优势的国家						
	克罗地亚	爱尔兰	英国	丹麦	约旦	印度	美国
服务贸易出口比重（%）	49.70	44.70	39.20	38.10	37.50	36.80	30.50
服务贸易出口 RCA	2.46	2.21	1.94	1.88	1.85	1.82	1.51
	具有货物贸易比较优势的国家						
	墨西哥	中国	印度尼西亚	俄罗斯	越南	马来西亚	日本
服务贸易出口比重（%）	6.10	9.10	9.60	10.00	11.00	14.30	15.90
服务贸易出口 RCA	0.30	0.44	0.47	0.49	0.55	0.71	0.79

资料来源：根据世界银行 World Development Indicator 数据库计算得到。

现代产业间分工的另一特征则是，"服务"国多数具有经常项目逆差，主要表现为货物贸易的逆差和服务贸易的顺差，但服务贸易顺差小于货物贸易逆差。如 2007 年，英国的服务贸易顺差为 851.6 亿美元，美国为 1310 亿美元，印度为 167.8 亿美元，但货物贸易逆差三国分别达到 1838 亿美元、8722 亿美元、697.3 亿美元。"制造"国往往具有经常项目顺差，且货物贸易的顺差大于服务贸易的逆差。② 2007 年，中国的服务贸易逆差为 76 亿美元，德国为 390.6 亿美元，日本为 216.2 亿美元，货物贸易顺差三国分别为 920.8 亿美元、2624.8 亿美元和 2662.3 亿美元。

尽管当前的主流分工形态仍集中于货物贸易并以制造业内的产业内和产品内分工为主（因为从贸易额统计看，这两种分工所形成的贸易额依然较大），但是"服务—制造"现代产业间新形态国际分工已经在部分国家

---

① 由于小国和地区的经济波动性往往较大，为了更具说服性，这里并没有选取一些小国和地区作为比较的对象，而在这些小国和地区之间，他们的服务贸易发展水平差别就更为悬殊。2007 年服务贸易出口占总出口额的比重最高的前 5 位国家或地区分别是百慕大（占 98.5%）、萨摩亚（占 90.9%）、安提瓜和巴布达（占 87.2%）、法属波利尼西亚（占 86.2%）、佛得角（占 85.7%），而最低的后 5 位分别为利比亚（占 0.23%）、安哥拉（占 0.69%）、尼日利亚（占 2.14%）、伊拉克（占 2.15%）、委内瑞拉（占 2.50%）。

② 至于为何具有服务贸易比较优势的国家和地区多呈现经常项目逆差，而具有货物贸易比较优势的国家和地区多是经常项目顺差，第五章将会作详细的分析。

和地区之间形成了一种紧密互补的贸易依存关系,如在欧美和东亚地区这种分工业已表现为"东亚制造,欧美消费"的贸易模式,其中又以中美之间的表现尤为突出。欧美等服务业发达国家依靠提供服务产品与东亚制造业国家生产的制造品进行交换,两者相互依赖,并在产业结构上形成了一定的互补。而作为全球最大服务贸易出口国的美国正是凭借其美元的霸权地位和发达的金融市场所提供的金融服务换取了中国的一般工业消费品用于满足其国内过剩的消费需求,同时美国对消费品的需求也拉动了中国出口导向型经济的快速增长。但是,"服务—制造"新形态国际分工由此也成为当前不断恶化的国际经济失衡的主要原因,本书的后续章节将对此展开论述。

五、本章小结

通过上述对当代国际分工演进历程的四种形态及特征的描述发现,国际分工演进并非跳跃、间断式的。在分工的演进中,很难对某一时期的分工形态作一个具体精准的划分,各种分工形态之间往往是你中有我,我中有你,相互包含,尤其是前后两种分工之间的界限较为模糊。如在产业内分工与价值链(产品内分工)分工之间,在文献阅读中发现有的学者最开始就把价值链分工(产品内分工)归结为产业内分工进行研究,因为这两类分工的区别也是人为主观地依据《国际贸易商品标准分类》(SITC)所作的划分。同时,在价值链分工(产品内分工)与服务业和制造业现代产业间分工之间,价值链分工(产品内分工)的某些特征实际上也已经表现出服务业和制造业现代产业间分工的特征。"服务—制造"新形态国际分工是在产品内分工基础上的延续,是基于产品价值链环节分工的进一步深化、细化的结果(胡超、张捷,2010)。因此,现实世界的国际分工格局已经形成一个复杂的、多层次的、多边、交叉叠加的立体结构,呈现出动态演进的状况(汪斌，2006），上述各种分工形态均可能存在于一国所参与的国际分工之中。总体上，国际分工形态是沿着传统产业间→产业内→产品内（价值链）→现代产业间的路径演进的，是一个连续、不断深化、否定之否定、螺旋式上升的过程。

第四章 新形态国际分工演进的动因（基础）

针对国际分工形成的动因（基础），斯密（Smith，1776）较早提出了绝对成本学说，一国应专门生产本国成本绝对低于他国的产品，用以交换本国生产成本绝对高于他国的产品。在绝对成本理论基础上，李嘉图（Ricardo，1817）进一步提出了相对成本学说，只要各国生产成本存在相对差异就可以形成分工。赫克歇尔—俄林（Heckscher，1919；Ohlin，1933）在假定各国劳动生产率相同的前提下，认为产生相对成本差异的原因有两个：一是各国生产要素禀赋的不同，这是产生相对成本差异的重要决定因素；二是各商品生产的要素密集度不同。随着20世纪国际分工和贸易的迅速发展，国际分工的形态日益被人们所重视，对它们形成动因（基础）的各种解释也主要建立在比较优势和要素禀赋差异理论之上。但分工形态和分工层次的差异性，加之每种分工形成的背景不同，使得国际分工的动因（基础）变得更加复杂多样。

如传统产业间的工业与农矿业分工的动因（基础）主要在于率先利用机器和完成工业革命的先进国家对工业生产原材料需求的增加，以及垄断生产的工业消费品寻求海外销售市场的需要，因此是一种分工与"被分工"的关系。而产业内水平分工和垂直分工形成的动因（基础）则主要在于垄断竞争的市场结构、规模报酬递增和消费者需求多样化等。Krugman（1979）通过假定消费者需求偏好的多样性，在垄断竞争市场结构下，只要产品具有水平差异并且产品存在规模报酬递增，即使是完全相同的国家间也会有水平差异产品的产业内分工和贸易发生。Brander和Krugman（1983）假定在只有本国和外国企业,生产完全相同的产品,并且每一企业在作出生产决策时都假定另一企业的生产决策不变,且为寡头垄断竞争的市场结构下,即使两国要素禀赋特征、生产和消费函数都相同,两国之间同样可以发生同质产品的产业内贸易现象。Falvey 和 Kierzkowski (1985) 在新 H-O 理论框架下证实了在初始要素禀赋不同的国家,资本在行业间不能自由流动,至少有一个行业生产质量不同的垂直差异化产品,在消费者更为偏好质量高的产品以及选择行为受制于收入的条件下,垄断竞争的市场中也会发生垂直差异产品的产业内贸易。

上述这些有关传统产业间和产业内分工演进动因(基础)的理论形成较早且相对成熟,并已见之于教材为人们所熟知,这里不再赘述。作为一种新的分工形态,本章所关心的是"服务—制造"分工演进的动因(基础)是什么?作为产品内分工的延续,"服务—制造"新形态国际分工是在产品内分工基础上的继起、深化和细分,其分工演进动因(基础)之间有着较为密切的联系和相似性。因此,本章的主要内容包括两部分:一是对产品内分工演进的动因(基础)的简单归纳;二是基于产业结构演进和要素禀赋的差异(包括制度禀赋、文化禀赋差异)以及生产组织创新等角度详细分析了"服务—制造"新形态国际分工演进的动因(基础)。

一、产品内分工演进的动因(基础)

20世纪末以来产品内贸易获得迅速的发展并在全球范围内展开,产品内分工成为炙手可热的研究方向,大量文献从各种角度对其演进的动因(基础)进行了分析。基于相关研究,产品内分工演进的动因(基础)主要在于产品本身的可分解性;产品内分工下不同生产环节的要素投入密集度的差异;交易效率的提高和交易成本的下降;规模经济效应的发挥;以及跨国公司的组织和实施五个方面。

（一）产品本身的可分解性

从产品的构造角度看，产品大致可分为模块型构造（Modular Architecture）和集成型构造（Integral Architecture）两大类。① 不同的产品构造意味着不同的可分解性，其进行跨国生产的可能性就存在较大的差别。在这两大类产品构造中，模块型构造的产品在产品内国际分工中运用得最为普遍，典型的如电脑及零配件以及各种电子产品。一个非常重要的原因就是电脑及零配件以及各种电子产品本身的自然属性使得其可以被分解成为一个个标准的模块化部件，进而将不同的部件分散到全球不同国家和地区进行生产，最后再组装。如苹果第五代 iPod 案例的描述，其整个生产过程就分别被分解到美国、日本、韩国、中国台湾、中国大陆等国家和地区。由于集成型构造的产品不像模块化构造产品一样可以分解为一个个标准化的界面，其跨国界和地区生产可能会受到一定的限制，但在某些集成型构造产品的生产上也并不是完全不可以采用产品内分工的形式，如汽车和各种机械机床，同样也可以在全球不同国家和地区进行分工生产，只是这两种产品构造所对应的分工模式和分工组织结构存在着较大的差别。因此，产品构造的自然属性决定了其可分解性的差异，其参与国际产品内分工的可能性、强度和深度也就存在显著差异。这种构造上的可分解性正是决定产品内分工能否进行的前提性、根本性因素。

（二）产品内分工下不同生产环节的要素投入密集度的差异

H-O 理论说明，一国在由其丰裕要素禀赋生产的产品上具有比较优势，应当出口由其丰裕要素生产的产品，进口其本国稀缺要素生产的产品。同

---

① 关于两类不同产品构造的区别，可参见张捷. 产品构造、文化禀赋与分工组织——水平分工格局下贸易结构的形成机制初探 [J]. 新政治经济学评论, 2007 (2).

理，在产品内分工下，整件的产品往往根据价值增值的大小被分解为不同的生产环节，而不同的生产环节又具有不同的要素密集型特征。如上下游环节的设计研发、销售、品牌等多属于技术和知识密集型，而中间环节的加工、组装等属于劳动和资本密集型，两者间存在着显著的要素投入差异。正因如此，由跨国公司所主导的产品内分工就可以将不同的生产环节分布在全球具有不同要素禀赋的国家和地区进行生产，从而达到生产的最优化配置。Grossman 和 Helpman（2002）认为，如果这种国家（地区）之间的要素密集度差异消失了，或者不同国家（地区）之间实现了要素价格的均等化，不再存在成本差异，则产品内分工也就没有存在的理由了。经验事实也确实如此，在苹果第五代 iPod 案例中，具有劳动密集要素的中国承担了产品的加工组装环节的生产，而具有技术和资本密集型的韩国、日本则承担了关键零部件的生产，美国则承担了研发和销售渠道部分的生产环节。

（三）交易效率的提高和交易成本的下降

交易成本可分为内生交易成本和外生交易成本（Williamson，1975；North，1937，1960），但由于内生交易成本的不易测度，因此一般主要分析外生交易成本，亦即交易中的运输成本、信息成本以及贸易壁垒等对产品内分工的影响。交通运输工具的发达，尤其是航运技术和国际货运能力的大大提高，产品内分工的跨国物流成本得到了显著的降低。Lall、Albaladejo 和 Zhang（2004）认为不同生产环节的要素密集度差异是导致不同产业产品内分工的重要因素，只有当低成本要素价格节省的生产成本足以抵消运输费用和协调费用时，产品内国际分工才会有利可图。显然，在要素相对价格不发生改变的情况下，仅仅是运输成本的降低也可能是促进产品内分工的因素。Jones 和 Kierzkowski（2000，2004）认为，科学技术进步以及贸易服务成本的下降（主要包括通信、运输和金融服务）导致了垂直一体化生产过程被分割为相互独立的片段并进入国际市场。另外不可忽视的是，经济全球化的深入和贸易自由化谈判所达成的协议极大地推动了全球贸易的自由化程度，货物贸易壁垒的显著下降也是促进产品内分工在全球开展的重要因素。如"作为多边贸易组织，GATT/WTO多边贸易谈判，使发达国家制成品的平均关税水平从40%左右下降到目前的3%~4%"。① 随着中国、越南等广大发展中国家相继加入WTO所带来的货物贸易自由化水平的提高，② 更是明显促进了产品内分工的形成。Hummels等（1998，1999，2001）认为产品内分工之所以在全球范围内迅速推广开来，主要是因为贸易壁垒（关税和运输成本）的不断下降，关税壁垒的下降激励了跨国公司将不同要素投入比例的生产阶段配置到不同的国家和地区。

（四）规模经济效应的发挥

规模经济曾是被用来解释产业内贸易发生的重要因素，对产品内分工同样也适用。因技术特性的差异，不同的生产环节（工序）一般存在不同的有效规模，即最佳生产规模。不同生产环节（工序）的有效规模差异性越大，则越有可能采取产品内分工。因为将所有生产环节（工序）集中在一家企业完成，就只能够按照某一个环节（工序）的最佳规模生产，其代价是牺牲了其他环节（工序）的最佳生产规模，因此也就不可能实现所有环节（工序）的规模生产和发挥规模经济效应。而通过产品内国际分工将具有不同生产规模的环节（工序）分离出来，安排到不同的生产空间进行生产，从而达到所有环节（工序）均为最优规模下生产的可能性。现实应用中，比较典型的如服装、电子及汽车等产业的零部件生产和终端产品生产都存在明显的规模经济现象（Ruane & Goerg，1999；Bair & Gereffi，2001；Humphrey & Memedovic，2003）。

---

① 孙文远，魏昊. 产品内国际分工的动因与发展效应分析 [J]. 管理世界，2007（2）.
② 我国关税税率的下降情况参见本书第六章。

(五) 跨国公司的组织和实施

作为国际分工的主要参与者和实践者,产品内分工的形成也离不开跨国公司的有效组织和实施。首先,跨国公司需要去发现和利用各种信息,并对各种信息进行筛选进而在全球范围内选取能实现不同环节(工序)最有效生产的国家和地区,而这与交易成本的下降以及不同国家和地区的要素禀赋有着密切联系;其次,跨国公司需要将不同的生产环节(工序)进行划分,制定统一的技术标准,便于各个环节(工序)的衔接,这又牵涉产品的可分解性;最后,跨国公司还要扮演资源整合和生产网络协调的角色,从而将整个生产网络的各个环节(工序)能够有效地组织起来,这也是通信、运输技术所带来的协调成本降低的结果,这种全球化生产所涉及的管理和协调成本是影响跨国公司有效组织产品内国际分工的关键因素。因此,作为产品内分工的组织和实施者,跨国公司在全球范围内配置资源的过程中,企业的传统边界日益模糊甚至被打破(张为付,2009)。

除上述所归纳的五类动因(基础)外,其他方面的因素也会对产品内国际分工的形成起到积极的促进作用,如各国的产业政策。Kimura 和 Ando (2003) 分析了日本企业之所以能够在东亚国际生产(分销)网络的形成中取得巨大成功,而拉美没有建立重要的产业集群和形成有效的垂直生产链的差异时指出,一个非常重要的原因就是中国和东盟诸国在 20 世纪 90 年代实行了出口导向的发展战略,并制定了一系列有利于投资和产业集聚的产业政策吸引了国外投资者在其国内建立国际生产(分销)网络。Lall、Albaladejo 和 Zhang (2004) 也认为东亚国家在全球生产网络里面超过其他区域国家的重要原因在于东亚国家的产业政策以及多边贸易协调政策的促进作用等。蒲华林(2009)从产品物理的、经济的、社会的三个角度更为详细地总结了产品分工形成的决定因素,由于部分因素往往是相互错综交织在一起的,其所总结的部分因素之间也存在一定的重复。本节归纳的五类最主要因素基本涵盖了其所总结的相关影响因素。

二、"服务—制造"新形态国际分工演进的动因(基础)

作为产品内分工的继起、深化和延续,产品内分工形成动因(基础)的影响因素在一定程度上也必然会对"服务—制造"新形态国际分工的演进产生影响,如交易成本的下降、规模经济效应等。同时,作为一种新的分工形态,其演进也必然有着其自身内在的动因(基础)。基于对"服务—制造"新形态国际分工演进的历程和背景分析,本研究认为其演进的内在动因(基础)主要体现在三个方面:①由于一国所参与的分工形式和地位往往也是该国产业结构在国际市场的表征,因此产业结构演进的差异使得处于后工业化阶段国家的服务业与工业化进程中国家的制造业之间的分工具有了一定的必然性;②国家间要素禀赋差异以及服务品与制造品两类产品间不同的要素密集型特征依然是"服务—制造"新形态国际分工形成的最根本的动因(基础),尤其是无形要素禀赋,如制度环境和文化禀赋差异等对分工演进的影响;③国际生产组织的创新,如模块化、产业集群和区域板块化等对当代国际分工逐步由基于价值链的产品内分工向"服务—制造"新形态国际分工的演进起到了积极的促进和加速作用。

(一)产业结构演进的差异与"服务—制造"新形态国际分工

世界经济从来都不是以均衡的速率发展,也不可能处于均衡的发展水平。经济全球化背景下,在越来越多的国家和地区融入全球分工行列的同时,这些国家和地区的经济发展水平也可能存在较大的差异。以经济增长速率和人均收入水平衡量,部分国家和地区尽管经济增长速率不高,但较早进行和实现了工业革命,可能已经位列发达国家(地区)行列,具有了较高的人均收入水平；一些国家和地区可能融入全球化分工的时间并不长，但经济增长速率较高，人均收入水平上升很快；还有部分国家和地区无论是在经济发展速率还是人均收入水平上都处于发展中国家的末列。如图 4-1 所示，将 2007 年世界各国人均 GDP 划分为六大组别，即高收入组（High Income）、较高中收入组（Upper Middle Income）、中收入组（Middle Income）、低中收入组（Low & Middle Income）、较低中收入组（Lower Middle Income）和低收入组（Low Income）。高收入组国家的人均 GDP 平均达到 34389 美元，中收入组平均为 5463 美元，低收入组为 1200 美元。其中高收入组是中收入组的 6.3 倍左右，是低收入组的 28 倍左右，中收入组是低收入组的 4.6 倍左右。因此，从人均收入水平看，当前世界经济格局中各国经济发展水平参差不齐，且存在较大的不平衡性。

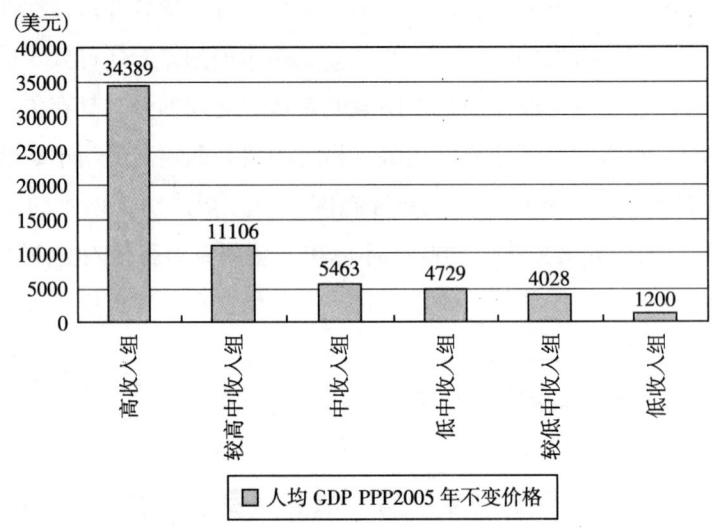

图 4-1　世界不同组国家人均 GDP 水平比较（2007 年）

资料来源：世界银行 World Development Indicator 数据库。

钱纳里等人根据人均 GNP 与工业化程度关系的实证研究表明：人均 GNP 水平与工业化程度成正比关系，人均 GNP 水平越高，工业化程度就越高。按照他的分析，现代经济发展大致可以分为三大阶段，即准工业化阶段、工业化的实现阶段（包括工业化初级阶段、中级阶段及高级阶段）和后

第四章　新形态国际分工演进的动因（基础）

工业化阶段（见表 4-1）。

表 4-1　钱纳里的人均 GNP 与经济发展阶段划分

收入水平（人均 GNP，1970 年，美元）	时期	阶段
140~280	1	第 1 阶段（初级产品生产）
280~560	2	第 2 阶段（工业化阶段）
560~1120	3	
1120~2100	4	
2100~3360	5	第 3 阶段（后工业化阶段）
3360~5040	6	

资料来源：钱纳里. 工业化和经济增长的比较研究 [M]. 上海：上海三联书店，1980.

尽管当前的收入水平与钱纳里对经济发展阶段划分时的收入水平不可同日而语（钱纳里是根据 1970 年的价格水平进行划分的），但各个发展阶段的相对收入水平（即不同组别之间的收入比值）是可以比较的。从其对经济发展阶段划分的前后收入比值看，表 4-1 中第 3 阶段即后工业化阶段的人均 GNP 是第 2 阶段即工业化阶段人均 GNP 的 5~6 倍。同样，在图 4-1 所显示的 2007 年不同组别国家人均 GDP 比较中，高收入组别国家也恰好是中收入组别国家人均 GDP 的 6 倍左右。[①] 因此，根据钱纳里的划分依据，当前世界收入水平的差距足以说明现实的国际经济格局中一部分国家已经完成了工业化，正步入或处于后工业化阶段，而另一部分国家却正处于工业化进程的初级、中级或高级阶段——国际经济分工体系中各参与国之间存在着明显的发展阶段性差异。

同时，配第—克拉克定理也显示，随着经济的发展，第一产业国民收入和劳动力的相对比重会逐渐下降；第二产业国民收入和劳动力的相对比重会上升；经济进一步发展；第三产业国民收入和劳动力的相对比重开始上升。且人均国民收入水平越低的国家，农业劳动力所占份额相对越大，第二、三

---

① 钱纳里使用的是人均 GNP，本研究采用的是人均 GDP，这并不影响我们的说服力，因为人均 GNP 与人均 GDP 的差别并不是很大，统计上，GDP=GNP+（外资生产总值−本国国民在外国的生产总值），经济全球化下外资在本国的生产总值与本国国民在外国生产总值相差也不会太大。因此，这里暂且认为人均 GDP 与人均 GNP 一致。

产业劳动力所占份额相对越小；反之，人均国民收入越高的国家，农业劳动力在全部就业劳动力中的份额相对越小，而第二、三产业的劳动力所占份额相对越大。并且，服务业的收入需求弹性大于 1，因此随着人均收入水平的增长，服务业比重的增长率要大于其他产业比重的增长率，整个国家的产业结构也会随着人均收入水平的提高呈现梯次递进的演进过程，服务业在国民经济中的比重将会越来越高。

历经多轮全球化浪潮的产业转移，那些具有较高收入水平处于后工业化阶段的国家，工业及工业就业人口比例在整个国内经济中所占的比重逐步下降，服务业及服务业就业人口比例逐步上升，其国内产业结构已基本"服务化"（见图 4-2 和图 4-5）。与此对应，通过逐步承接产业转移，那些中等及中等收入水平以下正处于工业化阶段的国家和地区，工业在国内经济中的比重仍处于上升趋势，制造业在国内经济结构中仍占有较高比例（见图 4-3 和图 4-4），而且制造业部门仍是其国内吸纳就业最重要的部门。2007 年，高收入组国家服务业增加值 GDP 占比达到 73%，服务业就业人数占总就业人数的 72.2%，而与此相反，中等收入组国家 2005 年服务业增加值 GDP 占比

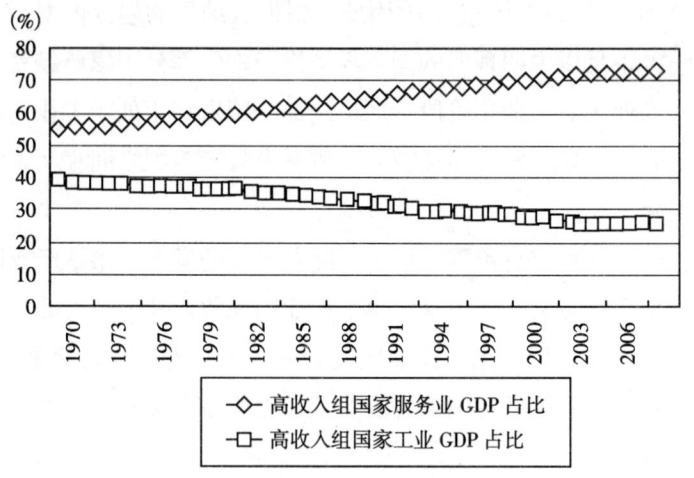

图 4-2 高收入组国家服务业和工业 GDP 占比

资料来源：世界银行 World Development Indicator 数据库。

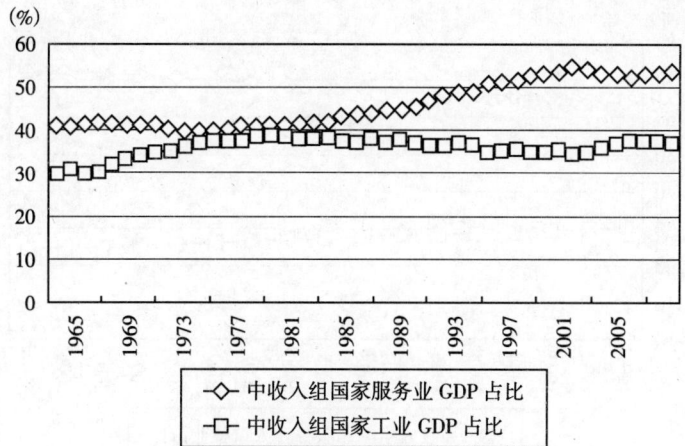

图 4-3 中收入组国家服务业和工业 GDP 占比

资料来源：世界银行 World Development Indicator 数据库。

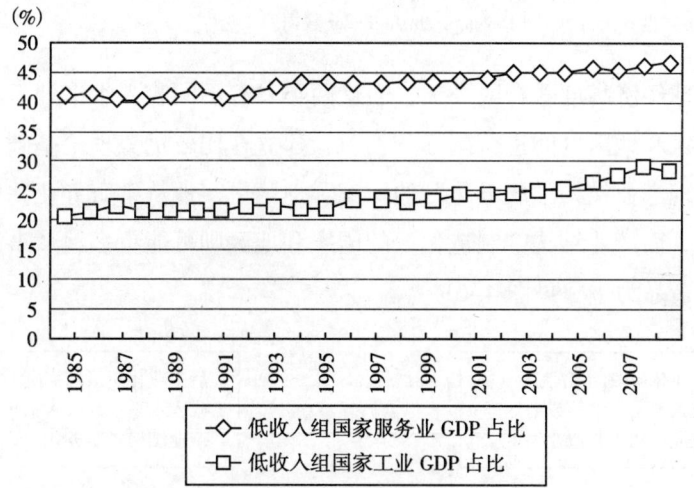

图 4-4 低收入组国家服务业和工业 GDP 占比

资料来源：世界银行 World Development Indicator 数据库。

为 52%，2001 年服务业就业人数比例只有 30.1%，[①] 由于低收入组国家的数据无法获得，但可以肯定的是其服务业就业人数比重会更低，经济发展阶段可能还处于工业化的初级阶段。

---

① 世界银行 World Development Indicator 数据库。由于中等收入国家 2001 年以后服务业就业人数比例还没统计数据，但用 2005 年和 2001 年的数据同样可以用来说明我们的分析结论。

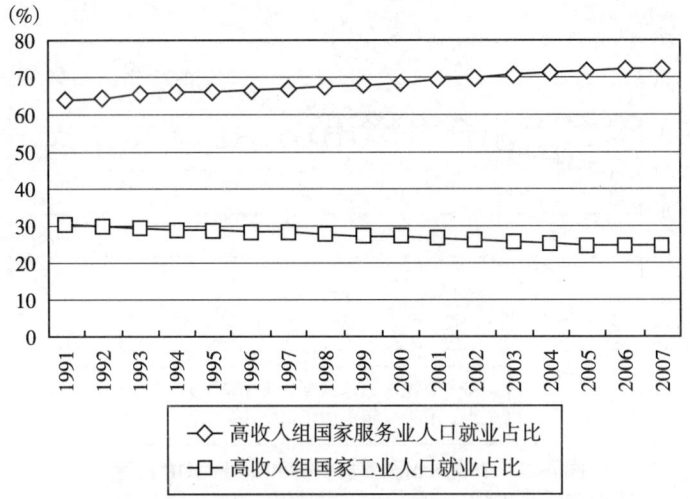

图 4-5 高收入组国家服务业和工业人口就业比例

资料来源：世界银行 World Development Indicator 数据库。

在全球经济高度融合的今天，当这两类具有不同收入水平处于不同发展阶段的国家和地区之间进行国际分工时，建立在比较优势理论基础上的贸易往往会出现产业结构"服务化"的国家和地区更多地从事服务业并以提供服务品为主，而产业结构"制造化"的国家和地区则可能更多地从事制造业并以提供制造品为主（见图 4-6）。

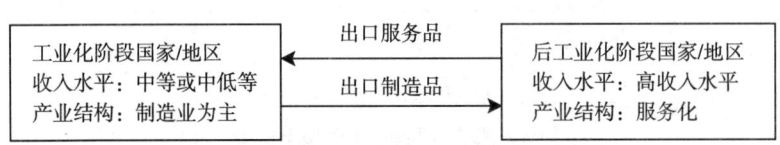

图 4-6 不同发展阶段国家（地区）间的"服务—制造"分工示意

具体到中美两国，经过 2005 年不变价格 PPP 调整的 2007 年美国人均 GDP 达到 43030 美元，中国为 5085 美元，[①] 美国人均 GDP 为中国的 8 倍多，且美国为世界最大的高收入发达国家，中国为全球最大的中低收入发展中国家。在产业结构演进上，中美两国的产业结构也存在较大差异（见图 4-7）。

---

① 世界银行 World Development Indicator 数据库。

第四章 新形态国际分工演进的动因（基础）

进入21世纪以来，美国服务业GDP占比一直保持在75%以上，而中国的服务业GDP占比多年来一直维持在40%左右，不仅远低于世界平均水平64%，甚至低于低收入国家平均45%的水平，与美国更是相差35个百分点。而美国的制造业增加值GDP占比从1970年统计开始就一直持续下降，2007年工业增加值GDP占比只有21%左右，而中国刚好相反，从2001年加入WTO以来就一直保持了持续稳定的上升态势，2007年工业增加值GDP占比达到了49%左右，中国工业增加值GDP占比是美国的一倍之多。

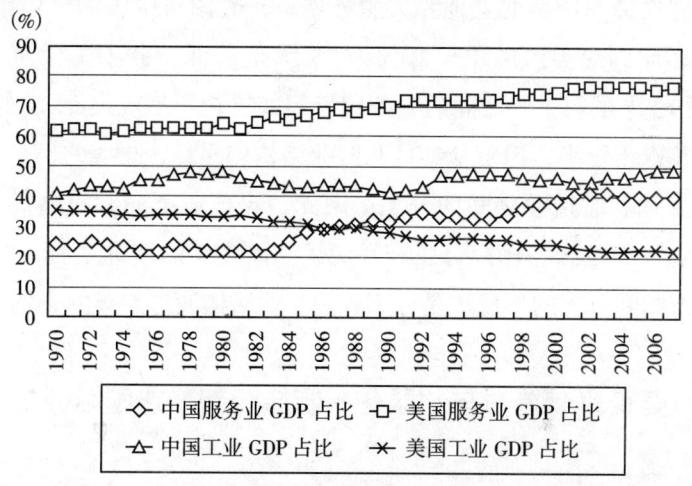

图4-7 中美两国的产业结构演进差异（1970~2007年）
资料来源：世界银行World Development Indicator数据库。

上述收入水平和结构指标均表明美国已处于后工业化阶段，而中国正处于快速工业化进程之中，所以中国对美国在货物贸易出口上占据优势并导致了巨额的货物贸易顺差，而在服务贸易上则是明显的劣势和逆差。据美国经济分析局（BEA）的统计，2007年美国对中国出口的货物贸易额为640.38亿美元，从中国进口货物贸易额为3223.29亿美元，货物贸易逆差2582.91亿美元。由于服务贸易自身的特性，低估现象普遍存在，正确而又精确地计算出中美服务贸易额是件十分困难的事情，而误差和遗漏可能比较大。如美国的服务贸易统计主要包括了旅行（Travel）、旅客运物费（Passenger Fares）、其他运输（Other Transportation）、特许和专利费（Royalties and

License Fees)、其他私人服务（Other Private Services）以及军事国防（Military Agency Sales Contracts）和各种政府服务（Government Miscellaneous Services）等几大类，但在服务统计中非常重要而且美国具有相当优势的金融、保险、咨询以及工程技术服务等都由于统计上的困难而没有作为独立的大类分别计算，因此可以推测，美国服务贸易的顺差是被低估的。尽管如此，2007年美国对中国的服务贸易出口额依然达到130.14亿美元，从中国进口的服务贸易额为106.62亿美元，服务贸易顺差23.52亿美元。其中，根据统计中占据最大份额的其他私人服务项目，美国对中国的出口额为61.34亿美元，而中国对美国的出口额仅为25.16亿美元，此项美国对中国顺差35.18亿美元。① 虽然中美之间的服务贸易不如货物贸易规模庞大，美国的服务贸易顺差也比较小，但贸易结构和产业结构均显示，中美之间的分工属于典型的服务业和制造业之间的分工。因此，自产业革命和机器大生产的建立、形成、发展至今，国际分工在经历了200多年的演进之后，"服务—制造"新形态国际分工的形成也是分工各国产业结构演进差异的必然结果。

（二）要素禀赋差异与"服务—制造"新形态国际分工

商品的生产其实是各类生产要素集中、融合的过程（张为付，2009），产品的生产总离不开生产要素的投入。因此，针对传统国际分工形态，基于生产要素投入视角，经济学理论界提出了解释相关分工形态演进的理论，如比较优势理论、H-O理论等。尽管国际分工形态经历了一系列的改变，并已进入到"服务—制造"的现代产业间分工。从生产要素投入角度看，其演进的动因（基础）依然离不开由要素禀赋差异所形成的在服务品和制造品生产方面的比较优势。

首先，传统要素密集度决定国际分工地位的理论依然适用，但是随着分

---

① 美国经济分析局（BEA）：http://www.bea.gov/international./bp_web/simple.cfm?anon=71&table_id=10&area_id=35。

第四章 新形态国际分工演进的动因（基础）

工的深化和更加专业化，产品的生产过程越来越复杂，投入要素越来越多，更专业化的生产使得生产要素的内涵得到了极大的扩展。在某些产品的生产或生产环节上，其优势的形成不再主要依靠源于先天和外生的自然禀赋，不仅仅局限于以往所强调的物质要素，而且也包含了更多过去不被重视，国家间差别较大的非物质要素，如文化、制度、规则等。当今，这些因素正被认为是一个国家具备国际竞争力的软实力的关键。[①]

其次，在不同产业中，国际分工的要素投入也大相径庭。制造品均为有形产品（Visible Goods），其要素投入也主要以有形要素为主，如劳动力、自然资源、土地等。因此，传统资源型产业分工是以自然资源的禀赋作为分工基础；传统制造业是以资本、劳动力作为分工基础；高新技术产业则是以技术与人力资本作为基础。而服务品多属于无形商品（Invisible Goods），[②]其要素投入多以无形要素为主，如制度、规则等，其生产、交易和消费等将涉及更为密集和复杂的契约安排（Clague，1999），因此更具制度密集型或契约密集型的特征（Blanchard & Kremer，1997）。随着当代国际分工的产业结构升级，国际分工的基础也在上移，物质要素禀赋的基础作用趋于减弱，非物质要素的基础作用变得越来越重要。当全球价值链分工向生产性服务业和制造业方向分离时，在制度、规则上具有比较优势的国家和地区（这些国家和地区多处于后工业化阶段）则专注于服务业，而劳动力和资本丰富的国家和地区（这些国家和地区多处于工业化进程之中）更专注于制造业。

最后，在全球价值链生产分工下，复杂产品被拆分为一个个标准的组成界面，生产上主要以大量同质性的要素投入为主。因此，价值链分工将更多国家和地区卷入到经济全球化浪潮中，使分工的范围更加广阔，由此带来的竞争更加激烈（徐康宁、陈建，2007）。在制造业竞争加剧、国内劳动力成

[①] 在2009年的"两会"期间，人民网就以"提高国家软实力，两会代表热议文化"为标题进行过专题报道，http://culture.people.com.cn/GB/22226/116301/index.html。2010年7月23日，中共中央政治局就深化我国文化体制改革研究问题进行了二次集体学习，其中，胡锦涛总书记也强调了繁荣社会主义文化对增强我国文化软实力和国际竞争力的重要性，http://www.gi.pku.edu.cn/html/caijinxinwen/2010/07/1275.htm。

[②] 下文将会对服务品的无形性特征进行详细的比较分析。

本上升的压力下,发达国家也迫切需要规避发展中国家大量同质生产要素的竞争和模仿。而现代服务业尤其是高端服务业的发展对要素投入的质量和异质性都具有较高的要求,而且文化、制度、规则等更具有"遗传基因"的特性,不容易被模仿和复制(张捷,2007)。随着分工的深化,当后工业化国家逐步在有形要素上丧失优势时,服务业也就正好符合了发达国家对产业发展选择的需要,主要通过发挥其在制度等无形要素上的比较优势来发展服务业,进而通过出口服务品换取工业化阶段国家的制造品。整体上也就出现了后工业化阶段的国家出口服务品,工业化阶段国家出口制造品的"服务—制造"分工(见图4-8)。因此,下面将主要基于服务品和制造品生产要素密集型差异的视角,从制度环境禀赋的差异分析后工业化阶段国家与工业化阶段国家之间的"服务—制造"新形态国际分工演进的动因(基础)。

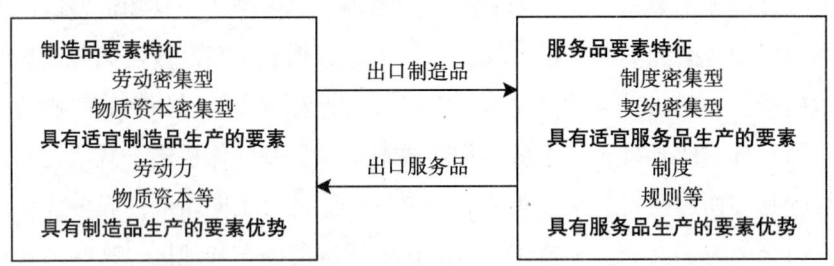

图4-8 有形要素和无形要素比较优势国家(地区)间的"服务—制造"分工示意

1. 制度环境与"服务—制造"新形态国际分工:服务品与制造品比较的视角

"制度是一个社会的博弈规则,或者更规范点说,它们是一些人为设计的、型塑人们互动关系的约束"(诺思,2008)。制度被认为是经济长期增长最根本的原因(Acemoglu等,2005)。制度环境不仅会对整个经济的发展产生影响,而且制度环境的差异会带来截然不同的经济发展绩效。同样,制度环境对不同产业的发展具有不同的影响,相对于制造业,制度对服务业和服务贸易的影响更明显。这一影响的差别主要是由于服务品与制造品不同的产品特征所内在决定的。相对于制造品,服务品具有以下四个显著的

第四章　新形态国际分工演进的动因（基础）

特征：①

（1）无形性。Hill（1977，1999）指出，相对制造业，服务业产出大都具有无形的特征，服务的空间形态基本上是不固定和不直接可视的，因而往往是无形的。② ①服务提供者通常无法向顾客介绍空间形态明确的服务样品，也不可以通过让顾客对产品以"试用"的方式进行体验。②服务消费者在购买服务之前，往往不能感知服务，也不可能像制造品一样可以通过各种观测甚至采用技术手段对产品品质进行检验。③由于对产品品质事前难以识别（尤其是高级服务品，如金融、保险、教育培训、战略咨询等，往往是复杂知识的集合，对知识的专业性要求非常高，普通消费者对其评价和识别均十分困难），因而服务品的提供方与购买方之间往往存在严重的信息不对称（见图4-9），顾客在购买之后只能觉察到服务的结果而不是服务本身。购买方之所以选择购买该服务品或由该服务所提供的制造品，更多的是基于对该服务品提供者（生产者）的信任，因此，"服务品更多地属于'信任品'的范畴"（泰勒尔，1997）。而这种"信任品"声誉的构建需要长期的积累和维护，一旦建立起来并被接受和认可，则可以带来巨大的市场潜力和规模效应。与此相伴的则是这种声誉本身的外部性，其建立和维护需要良好的、严格的、公正的、有效执行的制度环境来为其提供激励和保护（Holmstrom，1985）。在糟糕的制度环境下，这种长期积累和建立起来的声誉很容易被其他企业利用而不用承担建立和维护的成本，如名誉侵权、盗用名称等。④相对制造品有形实体形态的易控制性，服务品的无形往往也增加了对其保护的难度，需要有更为严厉和有效的制度来促进服务品的供给。如研发活动中的无形知识和商业秘密，研发投入成本和风险非常高，但复制和盗版的成本却很低，如果没有有效的知识产权制度来提供激励和保护，类似于研发的服务

---

① 需要指出的是，这里关于服务品与制造品的区别适用于绝大部分服务行业的产品，但也可能对个别具体的服务业行业产品存在例外，由于我们是进行一个类似基本规律的分析，因此个别例外并不影响分析结论。

② 尽管随着技术的进步，有些无形的服务开始变得有形化，或者称作"物质化服务"，如唱片、软盘等，但作为服务的载体，其物质载体的价值相对其提供的服务价值而言，可以忽略不计。消费者所购买的目的依然是获取其服务，而非物质载体，因此其价值主体仍是服务。

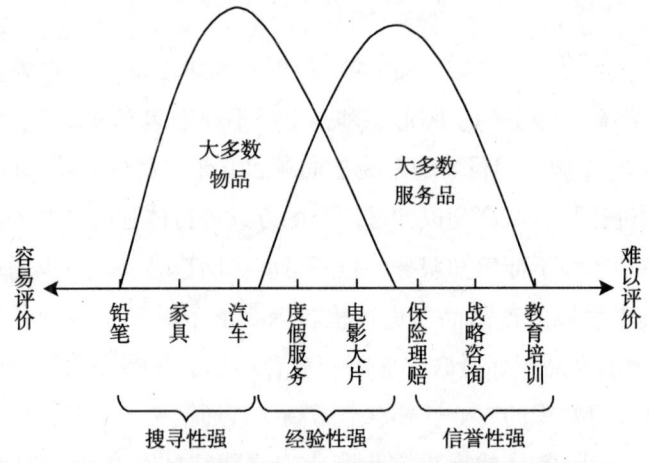

图4-9 制造品与服务品之间信息不对称程度的差异

资料来源：洛夫洛克等.服务营销（第三版）[M].北京：中国人民大学出版社，2001.笔者调整了部分产品名称。

贸易也就很难开展。

（2）异质性。与制造品的标准化界面可以应用模块化组织方式进行大规模批量生产不同，即使是同一种服务的消费效果和品质往往也存在显著差别。这种差别来自供求两方面：一方面，服务提供者的技术水平和服务态度常常因人、因时、因地而异，服务质量和效率也随之发生变化，存在一定差异。经验观察表明，这种服务质量和效率的差异往往会非常明显地受到政府制定的相关服务业管理制度的影响（列维，1998）。另一方面，服务消费者对服务也可能会提出特殊要求，服务品往往可能是一对一专业定制的个性服务，如解决问题方案的设计、战略咨询、个人理财等。某种意义上，服务领域尤其是知识密集型服务业对创新的要求更甚于制造业，而这种彰显个性的创新意识和动力则非常明显地受制于文化、政策环境、法规和行业标准的影响（刘顺忠等，2007）。因此，同一服务的一般与特殊的差异是司空见惯的，正是因为这种异质性，服务的质量标准也十分不确定。统一的服务质量标准只能规定一般要求，难以穷尽所有特殊情形。这样，服务质量就具有很大的

第四章 新形态国际分工演进的动因（基础）

弹性,① 从而既为服务行业创造优质服务开辟了广阔的空间,② 也给劣质服务留下了可乘之机。与能够执行统一标准的商品质量管理相比，服务质量的管理要困难和灵活得多。同样是为此原因，服务领域的寻租行为、垄断低效率现象以及服务管理制度和规则的不透明性往往司空见惯。

（3）难以储存性。服务品不能像商品那样长久搁置或处于库存状态。"服务与工业产品或农产品的根本区别在于'不存在库存'的特性，这种特性来自'运送的不可能性'和'生产时间模式是由需求时间模式所决定'的性质"（白仲尧，1991）。如果服务不被使用，则既不会给购买者带来效用，也不会给提供者带来收益，相反却可能造成一定损失。因此，服务品一旦被生产出来，如果消费者对服务结果不满意而不对生产者进行补偿，则服务品就会自动灭失，生产者不可能像制造商品一样进行转让或卖给另一个顾客。③ 于是，服务交易很容易造成交易双方的锁定，为避免此类情况，在服务品生产之前往往多以契约的形式对服务的效果和支付情况作出详细的规定。但是，根据不完全契约理论，契约不可能是完全的，在契约的存续期内存在着太多的不确定性，契约订立双方会寻求法庭等第三方机构解决合同期内的各种争端。而在外部法律环境难以保证契约得到有效实施的情况下，服务交易的锁定威胁及相伴随的机会主义行为，会导致较高的交易成本并可能导致交易的失败。

（4）生产和消费的同步性。有形的商品一旦进入市场体系或流通过程便成为独立的交易对象，生产和消费的过程在时空上被分割开来。与之不同，服务要么同其提供来源不可分，要么同其消费不可分。这种不可分性要求服务提供者或服务购买者不能与服务品在时间或空间上分割开来。同时，生产和消费的同步性还会导致服务品购买方无法在交易前对服务品进行试用，很难在事后对产品质量进行有效的评估。因此，与货物贸易对交通基础设施等硬件要求较高，物流成本占较大比重不同，服务贸易的交易成本主要体现在

---

① 这也是导致服务质量不易评价的主要原因。
② 生产者可以根据不同消费需求进行市场细分，提供具有差异的服务品。
③ 这同样也是由于服务品的异质性所造成的。

对制度环境等软件的要求上。服务的生产和消费往往在制度环境良好的国家和地区形成集聚,而这种集聚又会形成正向反馈机制,集聚国(地区)不断地改进制度,进而吸引更多的生产者和消费者。因此,我们看到服务业会在制度环境有利于其发展的国家和地区集聚,如纽约华尔街、伦敦金融区就成为国际金融服务贸易的提供中心。

除了产品特性导致制度环境对服务业及服务贸易的重要影响外,服务品与制造品的产品特性差异还会导致制度环境对投资于服务业领域 FDI 的影响显著大于制造业。《服务贸易总协定》将服务贸易划分为四种形式,即跨境交付、境外消费、商业存在和自然人流动。其中,商业存在是指一成员的服务提供者通过在其他成员领土内的商业存在来提供服务。在经济全球化导致资本自由流动的情形下,尽管服务领域的开放存在诸多障碍,但商业存在在服务贸易中所占的比重越来越高,其主要表现形式就是一国对另一国的服务业的直接投资。

最近的一系列研究发现,东道国的制度环境会对投资于该国的 FDI 产生影响。一是良好的制度环境是保证 FDI 发挥作用的前提,具有良好制度环境的国家往往具有较高的生产率,因而对外国投资者具有更大的吸引力;二是糟糕的制度,如腐败相当于对外商征收了一笔额外税收,会给 FDI 带来额外的成本(Wei,2002);三是由于 FDI 具有较高的沉没成本,因此,FDI 对东道国的任何不确定性十分敏感,如政府低效率引致的不确定性、政策的变更及透明度、弱的产权保护以及糟糕的法律体系等(Agnès 等,2005)。Aizenman 和 Spiegel(2002)通过"委托—代理"框架分析了合同的事后监督成本对国内投资者和外国投资者的影响。对外商而言,合同的事后监督成本要远高于国内的投资者。比起具有良好产权保护的国家,弱产权保护的国家所吸引的 FDI 占总投资的比例要低一些。同时,他们还发现,当投资于较差制度环境的国家时,比起来自优良制度国家的外国投资者,来自较差制度环境国家的外国投资者所面临的投资成本相对要低,亦即东道国和母国之间的制度差距也会对双边的 FDI 带来消极的影响,即存在投资者的"心理距离"(Psychic Distance),并且心理距离是跨国公司进入国外市场的主要阻碍因素之一。因为"心理接近"(Psychic Closeness)会降低对不确定性的感知或降低在目标国的学习成本。①而作为制度和契约密集型的服务业，其所受到的影响会更加明显。在同等条件下，具有良好制度环境的国家和地区的服务业领域可能会吸引到更多的FDI，通过技术外溢和知识转移从而能促进该国和地区服务业和服务贸易的发展，进而具有服务贸易比较优势；反之则相反。胡超和张捷（2011）对美国海外直接投资的经验研究表明，制度环境及制度距离对投资于服务领域的FDI的影响要大于制造领域。

2. 文化禀赋与"服务—制造"新形态国际分工

现实中，"服务—制造"新形态国际分工不仅形成于新兴工业国家与后工业化国家之间，而且在"服务—制造"新形态国际分工的参与国家之列，也有像日本、德国等这些具有高人均收入水平（2007年日本的人均GDP为31669美元，德国为33183美元），国内服务业比重也较高的发达国家（2007年日本和德国的服务业增加值GDP占比均为69%，但相对美国、英国等发达国家，日本和德国的服务业增加值GDP占比却又相对落后）。日、德并没有位列新形态国际分工的"服务"一方，而是出现在了"制造"国家的行列，其制造品出口相对服务贸易更具比较优势。2007年日本的货物贸易出口额占其出口贸易总额的84.1%，服务贸易仅占15.9%，服务贸易出口的显示性比较优势指数（RCA）也只有0.79。德国的货物贸易出口比重达到85.8%，而服务贸易也只占14.2%，服务贸易出口RCA指数为0.70——如此的服务贸易出口比重和RCA指数显然与其国内收入水平不符。同时，从其国内的制度环境看，日本、德国是较早实行市场经济的资本主义发达国家，经过多年的发展，其国内基本已建立起较为完善的市场经济秩序和法治体系，具有良好的制度环境。依据Kaufmman（2007）对所有国家制度环境的评分，2007年日本和德国的法制水平分别为1.28和1.97，②处于世界的前列。

也就是说，从"服务—制造"新形态国际分工演进的动因（基础）看，

---

① 可参见Habib和Zurawicki（2002）关于"心理距离"对经济行为影响的分析。
② 最高分为2.5分，最低为-2.5分。第五章对Kaufmman制度环境评分内容有具体详细的说明。

现实"服务—制造"分工的参与国家中至少出现了两类情况：一类可以用国家间产业结构的落差以及体现在制度环境方面的要素禀赋差异进行解释，如新兴工业国和后工业化国家之间的"服务—制造"分工，典型的为中美之间的分工。产业结构演进差异上，无论是人均收入水平还是产业结构均表明中国正处于快速工业化进程中，而美国则处于后工业化阶段；制度环境差异上，自1994年中国才逐步开始实行市场经济制度的改革和建设，起步晚且各类适应服务业和服务贸易发展所需的制度法规还十分不完善。而现代意义上的市场经济于13世纪就起源于英、美等西方发达国家，至今已有300多年，且经过长期的演进，这些国家已基本建立完善的市场经济秩序和法治体系。因此在分工的演进中，这些国家也就具备了更适宜发展服务业及服务贸易的要素禀赋优势；而中国等新兴工业国则在生产和出口低端消费品和低附加值中间投入品方面具有比较优势。另一类则是如日本、德国等具有较高人均收入水平以及拥有完善的市场经济秩序和良好制度环境的国家，它们却并不具备服务贸易的比较优势，而是在货物贸易（制造品出口），尤其是在制造业高端消费品和高附加值中间产品方面具有比较优势。对这类国家显然无法用产业结构落差和制度环境的差异对其在"服务—制造"新形态国际分工中的位置作出合理的解释。因此，有必要对"服务—制造"分工中日本、德国等这一类国家分工演进的动因（基础）进行分析。

张捷（2007）基于劳动分工理论的拓展，构建了一个解释制造业专业化分工条件下的产品选择机制的理论框架，并从产品构造和生产组织匹配的角度分析了不同国家在不同制造品生产上具有竞争优势的原因。其核心观点是，制造业分工中产品的工程设计构造（以下简称产品构造）的自然属性决定了分工职能的划分，在对其生产过程实行分解，各种工作职能的划分必须以产品的构造为依据。同时，产品构造也决定了分工的组织结构和协调方式，"对于每一种产品构造而言，在技术上应当存在某种最有效（效率最高）

第四章 新形态国际分工演进的动因（基础）

的分工组织结构"。① 而这种分工组织结构的形成又与该国的文化禀赋（生产者偏好），即"生产者擅长于生产什么和倾向于如何组织生产"有着密切的联系。"分工作为一种自发产生和演进的经济制度，不可能不受到文化禀赋的影响"。② 因此，"经济学对于分工原理的研究理应考虑生产者和生产组织的社会文化特征"。"如果一国的文化禀赋支持特定结构的分工组织，则该国的生产者将在与这种组织结构相对应的产品上形成竞争优势"。③ 张捷所提出的从"产品构造、文化禀赋与分工组织"的视角对水平专业化分工形成机制的探讨为我们理解"服务—制造"新形态国际分工中具有较高人均收入，处于后工业化阶段的日本、德国等却仍在某些制造品出口上具有比较优势的原因提供了有益的启示，尤其是其中"由文化禀赋所决定的在不同产品生产方面的偏好"这一崭新视角。

文化因素对经济发展影响的重要性正逐步被人们所认识。④ 由于文化这一概念的抽象性，对文化的定义五花八门，⑤ 但文化的差异性是被一致认同的。根据 Bourdieu（1985）的定义，文化是指能够将某个团体或某个范围（范畴）的人群与其他人区分开来的思想意识的集合体。Hofstede（1993）认为文化是一些心理程序的集合，它把一个群体的成员跟其他群体的成员区分开来，并体现在从家庭、组织到民族的各个层面上。民族文化是特定民族的人们所共享的价值观和行为规范；组织文化受民族文化的大背景的影响，但又存在着其相对的独立性。也就是说，文化可以有不同层次的划分，如国家的、区域的、种族的、性别的、代际的、社会阶层的、组织的，等等。尽管在经济全球化背景下，文化的交流日趋活跃，文化的融合可能导致文化的"趋同"，但文化作为一种内生型的要素，其形成于特定的自然条件、历史传

---

①②③ 张捷. 产品构造、文化禀赋与分工组织——水平分工格局下贸易结构的形成机制初探[J]. 新政治经济学评论，2007, 3（2）.

④ 文化作为一种重要的资源，相对其他社会科学研究（社会学、文化人类学、政治学、历史学、管理学及现代化理论等），其在经济研究领域却一直被长期忽视，只是在最近的一些文献中，文化这一"非经济因素"才开始回归到经济学家的视野（高波、张志鹏，2004）。

⑤ 文化很难定义。早在1952年，Kroeber 和 Kluckhohn 就归纳出了文化的164种定义。相关讨论可参见 DiMaggio（1994, 1997）。

统和发展路径，因此具有"遗传基因"的特征。"文化的内核部分具有相当的稳定性和独特性，'趋同性'难以侵入到文化的核心部分，即'文化的基本属性是抵制变迁的'。"①

从国际分工决定的文化影响看，受特定文化禀赋潜移默化的影响，不同国家在某些产业和产品上形成一定的比较优势，往往受到国家（民族）文化的影响，因此本书所讨论的文化禀赋范畴集中于国家（民族）间的文化差别。考虑到文化的路径依赖性，沿用张捷关于文化禀赋的定义，即"文化禀赋是源于特定的自然条件、历史传统和发展路径而形成的社会文化特征"，以区别于劳动力、资本、自然资源和技术等其他要素禀赋。因此，以下部分将从分析日本、德国"国家（民族）的文化特性"（文化禀赋）入手，诠释它们仍然长期在制造业方面保持着比较优势的原因。

（1）日本的国家文化特性与其制造业的比较优势。日本制造业的生产技术特别是工程管理技术（包括质量管理）的发展水平领先于世界，并在汽车、机械、计算机自动控制、数控机床及机器人等应用方面具备了显著的国际竞争力，形成了一批具有国际知名度的大公司，如丰田、本田、松下、索尼、日立等。尽管20世纪90年代日本制造业遭受了国内经济"失去十年"的发展挫折影响，致使其国际竞争力下滑，但正如第一章导言所指出的，在从工业经济向知识经济跨越的过程中，制造业仍然是日本这个已经处于后工业化阶段，具有较高人均收入的经济发达国家的重要支柱产业。并且，日本一直试图借由振兴制造业来恢复其经济活力：1998年通过的《制造基本技术振兴基本法》以及2002年发表的《日本制造业白皮书》，2004年日本经济产业省提出未来5~10年新产业创造战略，2005年日本制造技术政策恳谈会发表了"制造技术国家战略展望"，2006年日本内阁府设置的"技术创新25"战略会议，2007年提出为实现未来远景的政策和技术路线图等，都是强调制造业在日本保持经济大国地位策略中的特殊角色。近年来经济、文化、管理等领域的研究文献在分析了战后日本经济快速崛起和制造业强大竞争力来源

---

① 刘凤祥. 产品构造、文化因素与制造业的国际竞争优势研究 [D]. 暨南大学硕士论文, 2006.

后认为，日本对制造业的情有独钟以及"善于制造"与其文化特性有着密切的联系，即日本的文化非常适合制造业发展的要求。"制造业成功的基本要素是质量、管理、成本和技术。缺少这些特性，企业在制造业中是无法取得成功的。而日本文化中的认真、守时、服从、长于学习、勤劳、集体主义恰恰是标准制造业成功的基本要素"。①那么，日本人的这些文化特质又是如何形成的呢？

1）地理位置上，日本位列亚洲大陆东端，其西面隔日本海、黄海及东海与亚洲大陆相望，东面和南面是浩瀚的太平洋及东南亚海域。狭小的国土面积、匮乏的资源，众多的人口使得日本时时刻刻保持着较强的生存危机意识，并将这种意识体现在生产制造中的努力追求技术的精湛、产品的精益求精以及减少产品在使用过程中消耗的资源、对环境造成的破坏等。因此，日本产品给公众留下的印象是：品质、精巧、节能、实用。相对欧美汽车笨重、耗油的特征，日本开发出了以省油、轻便、灵巧著称的小型汽车，这在经济高度发展、人口过度膨胀、环境污染严重、资源非常短缺的当今世界，非常迎合人们保护环境、节约能源的心理。

2）劳动价值观上，佛教、儒家思想以及神道教经过不断地变迁、融合，在江户时代日本就大体形成了一种以肯定肉体劳动价值的有机的勤劳及职业伦理，并将劳动本身视为一种愉悦身心的活动。这种与其他民族不同的劳动伦理及劳动价值观的"天生勤奋"被认为是日本战后经济发展"奇迹"的一个重要内因（杜新，2008）。所有去过日本的人均发现，日本公司职工工作的时间普遍超长，尽管法定周工作时间为40小时，但是很少有不加班的公司和个人，甚至时有过劳死这样极端的事例发生。

3）价值取向上，日本属于典型的农耕社会，传统的村落共同体以及其他自然形成的各种集团是日本式价值体系的实现场所。②"日本人在这种被神圣化了的共同体和集团中受惠，并以自己的行为报答这种恩惠，而长期形成

---

① 贺毅. 企业文化与企业经济发展 [N]. http://www.lwlm.com/qitajingjixue/200910/317212p2.htm.
② 因此，有人也把日本制造业的模式称为"农耕模式"，美国的制造业模式称为"游牧模式"。

的这种'报恩义务'意识逐渐养成了日本人这种共同体的存续与发展,并提倡为了共同体的利益而牺牲个人利益的价值取向"(朱建荣,2008)。从而日本传统的雇佣关系及经营方式以终身雇佣制、年功序列工资制、企业别工会的形式体现于近现代的经营制度,包括工资形态、人事、组织构造等许多方面保留了下来。终身雇佣和年功序列工资制的相互配套实施被认为是日本制造业企业富有团队精神的关键,且更有利于维护秩序和公平。因为年老资深的老职工往往是经验知识更丰富,但老职工可能因担心新职工掌握技能后成为自己的竞争对手而不愿向其传授技能,从而影响到企业内特殊技能的形成。在终身雇佣和年功序列工资制下,则能形成一个富有团队精神而非人人相互提防的环境,从而知识经验能够得到良好的传播和传递(张捷,1999)。与此相适应,日本人固有的对组织强烈的忠诚心及奉献精神也延续至今。因此,跟许多发达国家相比,日本人很少"跳槽",往往在一个公司一干就是一辈子直至退休,同时也很少看到在企业经营遇到困难的非常时期,有企业解雇职工的现象。如大金工业株式会社就以"力争做一个能够保证雇佣的公司"为宗旨,在亚洲金融危机时期,通过内部转岗分流、对部分员工进行再培训来保持对员工的继续雇佣。而日本人对所属企业和公司的忠诚心、归属意识乃至奉献精神赋予了日本产业高效率的劳动生产率和劳动积极性,并保证其内部劳资关系的稳定和产品质量的稳定(杜新,2008)。

  文化特性对经济的影响主要体现在人的生活、生产方式上。正是在于对生产要素中最活跃、最具潜力的人力资本的深度开发(张捷,1999),日本在其制造企业中形成了独具特色的管理和生产组织方式,如及时制(JIT)、全面质量管理(TQC)以及丰田的精细化生产等,不仅获得了员工对整个生产决策的广泛参与,而且最大限度地降低了企业交易、生产和管理成本,保证了产品的品质。由此可见,文化禀赋构成了日本制造业比较优势的重要来源。

  (2)德国的国家文化特性与其制造业的比较优势。制造业是德国的强项,根据世界银行《2008世界发展指数》数据,2006年其制造业的增加值占

GDP 的比重约为 23%，远高于其他 6 个工业发达国家，① 仅有德国和日本的制造业增加值占本国 GDP 的比重超过 20%（德国占 23%、日本占 21%）。不仅其制造业出口额占据了世界市场的主要份额，如机械制造业约占世界销售市场份额的近 1/5，机械制造业在国际上划分的 43 个专业领域的 25 个位居世界出口第一。而且德国制造业一直以技术精湛著称，其制造技术在世界上享有盛誉，如奔驰、大众、宝马等品牌的汽车都是享誉世界的著名品牌。德国的机械设备，大到大型机械设备、数控机床、精密机械，小到钢琴、轴承、吸尘器、剃须刀也以其高质量、高性能而在国际市场上享有盛誉。"德国制造"几乎成了品质和信誉的代名词，甚至一向以品质取胜的日本人也普遍认为，德国人精于制造，不仅在于其雄厚的经济技术基础，更在于它的文化特性，"制造业的特性在德国获得了文化这种第一竞争力的强力、自觉地支持"。② 日耳曼民族所具备的深刻认同的民族特点，如勤奋、准时、严谨、追求完美、一丝不苟等特别适应制造业的需要，最大限度地满足了制造业所有特性，如按时、工艺、纪律、质量等。而这种文化特性的形成深受德意志中世纪城市手工业发展的影响，尤其是当今在德国仍能寻觅其踪影的发端于中世纪后期的行会、"师徒制训练模式"以及由此所演变而来的"双元职业教育"制度。

中世纪后期德意志地区的城市发展较快，城市手工业也由此具备了一定的规模。手工业者以一般城市居民为主体，包括纺织工、硝皮匠、桶匠、鞋匠、修表匠、木匠、泥水匠、打铁匠等，且都拥有自己的作坊。手工业者为保护本行业不受封建势力的侵犯，维护本行业的利益，纷纷建立了自己的行业组织，即行会。德意志最古老的行会可追溯到 1128 年哥德堡建立的制鞋者行会。后来，较大的城市有多达 100 个以上的行会，如法兰克福有 137 个，汉堡有 114 个，吕贝克有 129 个。③ 行会很快成为城市里的一个重要的

---

① 其他 6 个工业发达国家是美国、英国、法国、日本、意大利和加拿大。
② 普遍精准文化：德国文化与制造业 [N]. http://wenku.baidu.com/view/a239033567ec102de2bd8960.html.
③ 马桂琪，黎家勇. 德国社会发展研究 [M]. 广州：中山大学出版社，2002.

社会力量，每个手工业者都必须参加一个行会，否则无权居留在该城市从事手工业生产和销售。尽管当时所建立的行会具有一定的垄断性，但其所建立的严格的规章制度和严密的组织，以及在行会成员间所推行的"师徒制训练模式"被认为是当今德国制造业真正核心竞争力的文化源流。

1）行会都非常强调产品的质量，保证产品质量，反对弄虚作假，并将此认为是行会主要的道德义务和社会责任。如"硝皮匠、桶匠和鞋匠所制作的东西，必须是'公正'的；手艺工人用的木料、皮革和线，必须是'实在'的；烤的面包必须'公道'，等等"。① 手工业者都"对货物质量负责"，"都抱有不卖次货的雄心"。② 因为一旦出现"技术上的缺点和掺假行为"，就会"破坏公众的信誉"，损害行会利益。因此，每个行会经过选举而产生的会长有义务和责任监督会员生产出质量最好的商品，以维护本行业的声誉。如法兰克福呢绒业行会的章程就规定：如果发现会员中有人生产与销售劣质的绒布，除予以没收外，还要处以罚款。质量第一的思想在那个时代就诞生并予以坚决的贯彻（马桂琪、黎家勇，2002）。因此，在众多德国企业中也一直以质量第一作为现代企业的经营理念，并贯穿于产品设计、生产销售到售后服务的各个环节，所有出厂的产品都经过了严格的检查和严格的把关。如德国西门子公司的经营理念即为"以新取胜、以质取胜"。

2）行会中，实行的是"行东—帮工—学徒"的"层级制度"，行东同帮工、学徒之间不是简单的雇佣与被雇佣的关系，而是师徒关系、学艺与传艺的关系。③ 师傅是东家，学徒完全受其控制，学徒除了得到吃、住、穿外，没有任何报酬。师傅通常负责向学徒传授基础知识，由于行会制度限定了帮工和学徒的人数，如巴黎的泥水匠行会规定"在一人之行业中，不能收二个以上之学徒"。因此师傅（行东）对于徒弟（帮工、学徒）的技术传授基本上是一对一或者一对二的训练。在作坊里并没有严格的分工，每个人都要熟悉和完成全部工序，凡是他的工具能够做的一切他都应当会做……意味着在

---

①② 克鲁泡金特.互助论 [M].北京：商务印书馆，1997.
③ 马克思、恩格斯选集（第一卷）[M].北京：人民出版社，1972.

作坊里学艺,要全面掌握从原料选材到产品制作完成的全部过程。正因为如此,"所以中世纪的手工业者对于本行专业和熟练技巧还有一定的兴趣,这种兴趣可以达到某种有限的艺术感",①而这恐怕正是塑造日耳曼民族善于制造和精于制造特性的关键所在。

3)制造业更依赖的是生产线工人所代表的技术,而高素质和源源不断的技术工人被认为是德国机械制造业的真正核心,而正是行会的"师徒制训练模式"孕育了德国培养技术工人的"双元"职业技术教育体系。行会中,学徒期满后就成为帮工,但学徒的学艺时间往往较长,通常为4~5年,有的7~8年,个别行业甚至长达10~12年,学徒期满后,才能出师。通常,师傅要求学徒在完成了本作坊内的训练和生产任务之外,还要到外地"游学",学徒不仅因此进一步加深了对所学行业的了解和提高了操作技能,还开阔了视野,对行业以外的事物也有较多的认识。因此,"游学"也被看作良好的传统,但整个学徒的学艺过程是十分严格和苛刻的,这种严格态度与做法后来成了受到普遍首肯的优良传统(马桂琪、黎家勇,2002)。因此,手工业作坊也被看作是中世纪的一种实行职业教育的场所(徐利平,2009)。所谓的双元制职业教育,是指学生既在职业学校接受专业理论和文化知识教育(类似手工业作坊中师徒之间的一对一传授),同时又在企业里接受职业技能的培训,提高操作实践能力(类似"师徒制训练模式"中的"游学"),是一种将企业与学校、理论和实践紧密结合的教育模式。技师制度也成为德国企业所特有的一项制度,由此也成为德国工匠卓越技术的源泉。以汽车为例,当刚刚组装完成的汽车从生产线上出来时,技师就要开始上场工作了。而且整个装配工作的1/3是由德才兼备的技师亲自处理的收尾工序,其产品的质量自然而然就有了绝对的保证。②

除此之外,行会的"师徒制训练模式"中,师傅不仅要对学徒的技术进行严格系统的培训,也包括对其道德品质的培养,品德教育和技术教育同样

---

① 马克思恩格斯选集(第一卷)[M].北京:人民出版社,1972.
② 德国企业文化的特点[N]. http://de.veduchina.com/html/article/200710/12456.shtml.

被注重。师傅会按照行会的规定保证产品的质量，也要求学徒（或帮工）和他本人一样以最大的责任心与规定的技术去完成任务。因此，忠于职守，严肃认真地完成所负责的工作，今天也被视为德意志民族特性的一种表现（马桂琪、黎家勇，2002），同样也是其制造业品质保证的源泉。

需要强调的是，文化禀赋还具有相对性，或称为价值中性的特征，即文化差异不能作为判断文化优劣的依据。任何一种文化，无论它具有多强的包容性和创造性，也只能在与它禀赋特性相契合的个别产业中创造出竞争优势来（张捷，2007）。如日耳曼民族的严谨精密等特性、大和民族的认真服从等特性都很符合工业制造特性的要求，因此，他们一直在制造业上具有较强的竞争力。而知识经济时代IT革命的兴起，服务业的发展相对需要的是高度的个性化、自主、弹性、灵活、高速创新等文化特质，这些恰恰是德国、日本民族文化中欠缺的。与此相反，美国文化中的自由、独立、英雄、张扬，崇尚独立性和多元化的移民文化等虽不如德国、日本文化适应制造业的特性，却恰好符合了知识经济时代IT产业和服务业等新兴产业的特性要求，从而在知识经济的大潮流中找到了产业支撑点，大力发展具有模块化构造的IT产业和服务业等新型产业，并具备了强大的国际竞争力。

（三）国际生产组织创新与"服务—制造"新形态国际分工

不可否认，价值链分工在全球范围展开，带来全球贸易量的大大增加，关税减让和运输成本降低起到了直接的作用（Hummels，2001；Yeats，2001）。但是1986~1999年的14年里，世界平均关税税率下调不到2个百分点，但国际贸易却有了巨幅增长，贸易对关税削减的弹性要大于50，而在标准的理论框架下，弹性大于20已经在数量上构成了一个数量悖论（Quantitative Puzzle）。Hummel（1998）认为，20世纪70年代以来国际运费水平只有些微下降，其中70年代还是上升的，1980年以后才开始下降。Yi（2003）也认为，1960年以来运输成本大约只下降了5%，所以运输成本对全球价值链分工的影响也同样有限。经济增长理论告诉我们，实际产出在长期内增长的唯一源泉在于（广义的）技术进步，即全要素生产率（TFP）的提升。从全球看，TFP 的提升只能有两个来源：一个是科技创新与技术进步直接使得生产效率提高，如新材料、能源、技术的应用；二是组织意义上的 TFP 进步，包括新的管理方式和理念的应用以及更紧密的国际经贸合作。撇开技术进步的贡献，从组织意义上看，"服务—制造"分工形成过程中，国际分工①的生产组织方式至少出现了三个新特点：第一个是模块化；第二个是产业集群；第三个是区域"板块化"（Regional Integnation）。

所谓"模块化"就是将原来的生产制造过程分解为一些功能和结构相互独立的标准部件，然后按照产品生产的特定需要对这些标准部件进行组合而完成产品的生产。20 世纪末以来，发达国家的制造业出于降低生产成本、追求技术开发效率的目的，通过模块化分工，将低附加值的标准零部件的生产和组装环节转移到发展中国家，自己则控制着一体化建构（Integrated Architecture）的核心技术、关键零部件和品牌营运。由于在价值链模块化分工组织方式下，外围零部件已经标准化，技术很容易掌握，而高技术的关键零部件则可以通过从跨国公司购买而获得，因此很适合于普通劳动力富裕但研发能力薄弱的发展中国家制造业的发展需要，也正好迎合了发达国家对降低生产成本、追求技术开发效率、更专注上游研发和下游营销环节的需要。模块化生产方式在汽车、计算机、通信等制造业领域是很普遍的生产组织形式，特别是在 IC（集成电路）产业最为明显（王楷伦，2007）。如在 IC 产业价值链和价值模块不断分解的垂直分离阶段，跨国公司全力转向 IC 设计和 IP 模块供应的"战略性环节"，而通过外包方式向具备条件的亚太地区转移劳动密集型的 IC 制造、封装、测试等低价值加工组装环节。

产业集群是某一特定领域内相互联系的企业和机构在地理上的集聚体。从 20 世纪 90 年代开始，产业集群已发展成为世界经济中颇具特色的经济组织形式，集群内的企业通过互动的合作和交流，发挥规模经济和范围经济的

---

① 严格意义上讲，分工本身就属于生产组织方式，只不过这里所指的生产组织方式是在分工这一前提下的具体生产组织方式。

效应,能够产生强大的溢出效应,带动某一地区乃至整个国家经济的发展。正因如此,产业集群的优势使得全球价值链分工形态下,服务业与制造业的全球分离过程中,服务业和制造业分别在不同国家(地区)出现了集群现象,如伦敦、纽约成为全球跨国金融服务最集中的地区;日本成为制造业关键技术提供中心;中国的珠三角地区成为全球制造业加工组装基地;等等。

随着经济全球化和区域一体化的浪潮,战后国际分工的空间布局形成了明显的"板块结构"。已经成形的板块有"欧洲板块"、"北美板块"和"东亚板块"。各个区域国际分工的形态不尽一致,有的以水平分工为主(西欧),有的以垂直专业化为主(东亚),有的表现为混合分工形态(北美)。其中东亚地区以要素禀赋的多样性、劳动力资源的丰富和经济的持续快速增长而形成了大纵深的产业链国际分工网络,迅速崛起为全球的加工制造中心。区域外部,形成了"东亚制造"、"欧美消费"的互补的经济结构,其中,由于中国日益增强的衔接能力,东亚与世界市场之间的出口模式由原先的"双边贸易"转化成"三角贸易"(Urata, 2006);区域内部,东亚制造又形成日本研发设计、关键核心零部件生产的价值创造功能与中国、东南亚地区试产、模块化标准零部件生产、成品组装、出口的价值实现功能的紧密分工网络(张捷,2005)。

三、本章小结

作为产品内分工的延续,新形态国际分工与产品内分工的动因(基础)存在着密切的联系,因此产品内分工动因(基础)的 5 类主要因素同样对新形态国际分工的演进具有重要影响。但"服务—制造"新形态国际分工的演进又有着其自身的动因(基础),本章主要考虑了对新形态国际分工形成影响较大的相关因素。各国产业结构演进的差异性,使得服务业发达国家和制

第四章 新形态国际分工演进的动因（基础）

造业发展中国家制造业间的分工具有一定必然性，也是经济规律的使然。①作为国际分工最基础、经典的理论，国家间要素禀赋的差异依然适用于解释"服务—制造"新形态国际分工形成动因（基础）。除传统的劳动力、资本、土地等有形要素外，制度环境、文化禀赋等在新形态国际分工演进中的作用越来越明显。制造品都是有形的，主要是人对物的生产活动，因此其投入要素也必然多是有形的，如劳动密集型、资本密集型等，拥有充裕廉价劳动力、良好的基础设施的国家（地区）往往在制造业发展上具有比较优势。服务品多为无形的，主要是人对人的生产活动，因此其生产主要以无形要素投入为主，如制度密集型、契约密集型等，拥有良好制度环境的国家（地区）往往在服务业和服务贸易发展上具有比较优势。服务品的无形性、异质性、不可储存性以及生产和消费的同步性等特性是导致制度环境对服务业和服务贸易影响更为显著的主要原因。文化禀赋特别适应制造业发展的特性要求解释了日本、德国等步入后工业化阶段，并不具备低劳动力成本等有形要素禀赋的情形下，依然保持着在制造业上常青生命力的原因。国际生产组织的创新，如模块化生产方式、产业集聚和区域经济板块化则有力地促进了新形态国际分工的演进。

---

① 由此，"服务—制造"新形态国际分工是否具有可持续性，尤其是在金融危机爆发的背景下，这种新形态的国际分工还将如何演进则是另一值得关注的问题，而这也超出了本书的研究范围，第八章将会对这种新形态分工的发展趋势和可能性作简要的展望。

第五章 制度环境与新形态国际分工的形成：基于跨国截面数据的实证

第四章已从理论上探讨了"服务—制造"新形态国际分工形成的动因（基础）。制度环境的差异是导致部分国家（地区）服务业及服务贸易比较优势形成的重要因素之一。基于服务品与制造品四方面特征差异的比较，从理论上分析了制度环境对服务业及服务贸易比较优势影响更大、更显著的原因。本章的主要目的就是通过计量实证的经验研究方法来检验制度环境是否对"服务—制造"新形态国际分工的形成具有重要的影响。因此，本章内容包括以下几部分：一是"服务—制造"新形态国际分工的度量，采用服务贸易出口RCA作为"服务—制造"新形态国际分工的度量指标，并简要描述了此种新形态国际分工在全球范围内开展的情况。作为衡量新形态国际分工的一种相对指标，如果一国（地区）在服务贸易出口上具有较高的显示性比较优势指数（RCA），则该国（地区）在货物贸易出口上处于比较劣势，属于"服务—制造"新形态国际分工的"服务"一方；同理，如果一国（地区）服务贸易出口RCA较低，则该国（地区）属于"服务—制造"新形态国际分工的"制造"一方。二是实证模型的选取、变量和数据来源的说明。鉴于本章的主要目的是检验制度环境对"服务—制造"新形态国际分工形成的影响，因此选取了"服务—制造"新形态国际分工特征较为明显的2005年的跨国截面样本作为实证检验的对象，并以各国（地区）的服务贸易出口RCA指数作为被解释变量，各国（地区）的制度环境得分作为解释变量，其中还加入了相关的控制变量。三是基于最小二乘法（OLS）的实证研究结果及分析。出于稳健性的考虑，采用了将各解释变量逐次加入的方法来检验制度环境对服务贸易出口 RCA 的影响，并通过对制度环境得分分组的方法观察了其在不同制度环境禀赋国家对服务贸易出口 RCA 影响的差异。四是在考虑了制度环境内生性问题的基础上，采用工具变量（IV）、两阶段最小二乘法（2WLS）的稳健性检验，得出分析结果，最后为本章的小结。

一、"服务—制造"新形态国际分工的度量

国际分工决定着国际贸易发展的方向和结构，因此可以通过国际贸易的发展水平作为国际分工的度量。现实中，国际贸易又是建立在比较优势，而非绝对优势基础之上的。如美国作为世界头号经济强国，从贸易总量的绝对优势来讲，无论是其商品贸易进出口额（Merchendise Trade）（占全球的20%左右），还是服务贸易的进出口额（Service Trade）均为全球第一。同样，对日本和德国等国家来讲，其商品贸易和服务贸易也都位列全球贸易的前几位。但从相对比较优势看，美国则在服务贸易出口上具有显著的比较优势，而货物贸易出口上则是比较劣势，因此处于"服务—制造"新形态国际分工的"服务"一方。日本和德国则在商品贸易的出口上具有显著的比较优势，而服务贸易出口上则是比较劣势，因此处于"服务—制造"新形态国际分工的"制造"一方。本书所指的"服务—制造"新形态国际分工的界定和度量同样是建立在贸易比较优势基础之上的，即在"服务—制造"新形态国际分工下，一部分国家（地区）在服务贸易出口上表现出较强的比较优势，另一部分国家（地区）则在货物贸易尤其是制造品出口上表现出较强的比较优势，二者通过这种新的分工形态形成了较为紧密的、互补的贸易关系。

国际贸易中对某一产业比较优势的衡量通常是计算该产业贸易的显示性

第五章 制度环境与新形态国际分工的形成:基于跨国截面数据的实证

比较优势指数(Revealed Comparative Advantage,RCA)。①RCA 指数剔除了国际总量波动和世界总量波动的影响,可以较好地反映一个国家(地区)某一产业的出口与世界平均出口水平相比较而言的优势。RCA 指数大于 1,则表明该国(地区)该产业的竞争水平在世界平均水平之上,被认为具有较强的国际竞争优势;小于 1 则表明该产业的竞争水平低于世界平均水平,被认为产业竞争力较弱。这正好满足了本书对"服务—制造"新形态国际分工度量的要求。因此,将通过计算一国(地区)的服务贸易出口显示性比较优势指数(RCA)来反映这种新形态国际分工。如果一国(地区)在服务贸易出口上具有较高的显示性比较优势指数(RCA),则该国(地区)属于"服务—制造"新形态国际分工的"服务"一方;如果服务贸易出口显示性比较优势指数较低,则该国(地区)属于"服务—制造"新形态国际分工的"制造"一方。②

一国(地区)的服务贸易出口显示性比较优势指数(RCA)计算方法如下:

$$RCA_i = \frac{X_i/(X_i + M_i)}{\sum_i X_i/(\sum_i X_i + \sum_i M_i)}$$

式中:X_i 表示 i 国的服务贸易出口额;M_i 表示 i 国的商品贸易出口额;$\sum_i X_i$ 表示全世界所有服务贸易的出口额,$\sum_i X_i + \sum_i M_i$ 表示全世界服务贸

---

① 显示性比较优势指数(RCA 指数),是由匈牙利经济学家贝拉·巴拉撒(Balassa Bela)最早提出的。他于 1965 年发表的一篇论文中用显示性比较优势指数来反映 OECD 国家之间的比较优势。根据巴拉撒的定义,一国 j 的某一产业 i 的显示性比较优势指数通过该产业在该国出口中所占的份额与世界贸易中该产业出口额所占世界贸易出口总额的份额之比来表示。

② 在部分国家(地区),其出口的商品主要是初级农产品,若用服务贸易出口 RCA 作为"服务—制造"新形态国际分工的度量指标,可能会出现当该国(地区)服务贸易出口 RCA 较低时,该国(地区)并不属于"服务—制造"新形态国际分工的"制造"一方,而是在农产品出口方面具有显示性比较优势。本书试图剔除这些国家样本,但限于统计口径的非一致性,无法从世界银行获取各国每年农产品的具体出口金额。因此,服务贸易出口 RCA 只能在一定程度上度量"服务—制造"新形态国际分工。但是,从贸易比重看,全球农产品贸易额只占总贸易额的 10% 左右,而且,随着越来越多发展中国家工业化进程的加快,商品贸易中农产品贸易所占的份额会越来越少。同时,从本书计量实证研究所采用的国家(地区)样本看,那些商品贸易中农产品出口份额占比较大的国家(地区)基本被排除在外。因此,采用服务贸易出口 RCA 作为"服务—制造"新形态国际分工的度量指标也是较为合理的,实证检验的结论是可信的。

易出口额和商品贸易出口额之和。

以 2005 年全世界各国（地区）服务贸易和货物贸易出口额为例，本研究总共计算了 162 个国家（地区）的服务贸易出口 RCA 指数。其中 RCA 指数最高的达到 4.52 以上（萨摩亚，Samoa），该国的对外贸易几乎完全以出口服务品为主，服务贸易出口额占其对外贸易出口总额的 90%以上；而最低的仅为 0.036 左右（安哥拉，Angola），几乎完全以出口货物为主，服务贸易出口额仅占其对外贸易出口总额的 0.7%——服务贸易出口 RCA 指数在各国（地区）之间存在着较为悬殊的差距，说明当前国际分工中的确体现着明显的"服务—制造"新形态国际分工。某些国家（地区）对外贸易的出口可能几乎都集中于服务贸易方面，如服务贸易出口显示性比较优势指数超过 4 的国家（地区）。另外一些国家（地区）其全部贸易出口可能都集中于货物贸易方面，如服务贸易出口显示性比较优势指数小于 0.30 的国家（地区）。在所计算的 162 个国家（地区）中，其中显示性比较优势指数超过 4.0 的有 8 个国家（地区），介于 3.0~4.0 的有 15 个，2.0~3.0 的有 14 个，1.0~2.0 的有 57 个，5.0~1.0 的有 44 个，0~0.50 的有 24 个（见图 5–1）。其中，"服务—制造"新形态国际分工中几个典型贸易大国的情况是，"服务"一方：美国的服务贸易出口 RCA 为 1.50，英国为 1.75，希腊为 3.29；"制造"一方：中国的服务贸易出口 RCA 为 0.44，日本为 0.81，德国为 0.71——服务贸易出口 RCA 指数的大小能够较为客观地反映出"服务—制造"新形态国际分工的现实。

二、模型、变量的选取及数据说明

鉴于本章要检验的是制度环境对"服务—制造"新形态国际分工演进的影响（亦即服务贸易出口 RCA）显著与否，因此制度环境指标选取的合理性至关重要。通常，制度环境的构成可分为正式制度、非正式制度以及二者的实施特征（诺思，2008）。在市场边界相对较小的情形下，如社区之内，非

第五章 制度环境与新形态国际分工的形成：基于跨国截面数据的实证

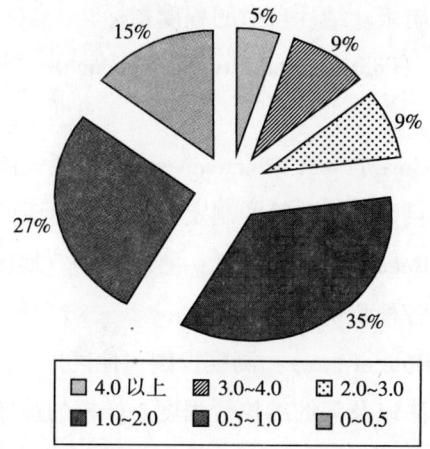

图 5-1 不同国家和地区服务贸易出口 RCA 指数分布情况（2005 年）

资料来源：根据世界银行 World Development Indicator 数据库计算得到。

正式制度，如人们的行事准则、行为规范以及惯例等可能发挥着重要的作用，但在市场边界被放大的国际贸易中，正式制度，即法律、法规、章程等影响——尤其是体现在对契约的执行和保护方面——更大。因此，将采用正式制度禀赋来检验对其"服务—制造"新形态国际分工演进的影响。

长期以来，限于制度环境衡量指标制定和数据收集的困难，学术界对制度环境的评价主要是定性的文字描述和案例分析，直到最近 10 年才逐步有了关于制度的定量测度。在制度环境的跨国比较中，被广泛采用、引证频率最高的是世界银行 Kaufmann 等人所建立的治理指标（Governance Indicator）[①]数据库。由于该数据库对制度环境衡量采用的分类指标多、数据来源规范、计算合理、可信度高，因此该数据库自 1999 年首份报告发布以来，Kaufmann 等人的研究成果便得到了相关研究者的认可，并越来越多地被采用。这一治理指标体系主要包括了 6 个方面的子指标：

（1）言论自由（Voice and Accountability）：测度一国（地区）政治选举

[①] 除了 Kaufmann 等人所公布的制度指标体系外，还有其他学者和相关机构也公布了一些制度测度的指标，如 PRS 集团提供的"全球各国风险指标"、《华尔街日报》和美国传统基金会（Heritage Foundation）发布的涵盖全球 161 个国家和地区的经济自由度指数（Index of Economic Freedom）等。

的自由度以及言论、出版、结社自由的程度指标。

（2）政治稳定性（Political Stability No Violence）：测度一国（地区）政治稳定程度的指标。

（3）政府效率（Government Effectiveness）：测度一国（地区）政府公共服务部门的效率及质量，以及政策的制定、执行、承诺的可信任度的指标。

（4）规则质量（Regulatory Quality）：测度一国（地区）政府制定及管制私营经济部门发展的各种政策指标。

（5）法治水平（Rule of Law）：测度一国（地区）司法体系效率、法庭的公平程度、法庭的判决以及契约的执行程度、产权的被保护程度指标。

（6）腐败控制（Control of Corruption）：测度一国（地区）政府腐败程度的指标。

从 Kaufmann 等人治理指标的 6 个方面的子指标来看，一定程度上这些子指标之间都存在着高度的相关性。如完善的制度规则及执行力往往也会提高政府的信任度、社会和政治的稳定性等（邵军、徐康宁，2008）。因此，无论采用哪一个子指标，所得出的结果也都必然具有一定的相似性。Blanchard 和 Kremer（1997）认为 6 个子指标中，一国（地区）的法治水平最适合用来分析制度环境对经济贸易发展的影响。因此，本书将采取各国（地区）法治水平的评分作为衡量制度环境禀赋的度量指标。其分值介于−2.5~2.5，分值越高意味着该国（地区）的法治水平越高。从 2005 年各国（地区）法治水平得分分布情况看，在所统计的 202 个国家（地区）中，最高的为 2.12（冰岛，Iceland），最低的为−2.22（索马里，Somalia）。这与我们的理论预期和现实实际情况非常吻合，尽管冰岛人口规模不大，但却成为全球金融机构云集和金融服务提供的集散地，而糟糕的制度环境，缺乏最基本的产权保护和契约维护使得索马里海盗猖獗，成为全球共同打击的对象。

基本计量实证模型设置如式（5−1）所示：

$$RCA_i = \alpha + \beta_1 Law + \beta_2 X + \varepsilon_i \tag{5-1}$$

式中，i 指不同国家（地区）；α 为常数项；β_1 为待估的参数向量；β_2 为待估的控制变量系数向量；ε_i 为模型的残差误差向量；Law 为制度环境指标；

第五章 制度环境与新形态国际分工的形成：基于跨国截面数据的实证

X为控制变量。为准确反映制度环境对服务贸易出口RCA的影响，借鉴相关文献对服务业和服务贸易研究的结论，式（5-1）中主要添加了对服务出口RCA可能产生影响的相关变量，包括：

（1）该国（地区）人口规模（Pop），以该国（地区）总人口数量表示。

（2）地理位置（Latitude），地理环境对经济的影响正日益被重视（Hall & Jones，1999；Gallup，1999；Acemoglu et al.，2001；Easterly & Levine，2002）。Gallup等人（1999）的研究表明，天气炎热的地区往往也是低纬度的地区，在这些地区痢疾、霍乱等热带病具有较高的发病率，从而导致了该地区较低的生产率和经济增长率。本书中，Latitude实际上是利用该国（地区）首都（中心城市）所处的纬度来代替与气候有关的能够影响到经济增长的因素。原始的纬度数据介于0和90度之间，为了便于比较的需要，La Porta等人（1999）利用各国（地区）首都（中心城市）所处纬度，将其调整为0到1之间的数值来反映该国（地区）所处的地理位置，该数值越高，则说明该国（地区）所处的维度越高。本书Latitude数据即来源于La Porta等人（1999）的。

（3）基础设施水平，主要包括了该国（地区）每百人所拥有的电话线数量（Tel）和全国（地区）的公路铺设比例（Road）。

（4）教育水平（Edu），反映的是一国（地区）人力资本情况，并被认为是影响经济增长的重要因素。相对制造业较低人力资本门槛，国际服务贸易，如会计、咨询、金融、专业科学技术等服务活动的开展则具有较高的人力资本门槛，更多的是需要具有较高人力资本或接受过高等教育的劳动力。因此，采用高等教育毛入学比例（Gross Tertiary School Enrollment，%）作为各国（地区）的教育水平（Edu），来衡量人力资本对服务贸易出口RCA的影响。

（5）城市化率（Urban），一国（地区）城市化率越高，则该国（地区）服务业的发展水平就会越高。

（6）该国（地区）所属洲的虚拟变量（Continent），将全球各国（地区）划分为了非洲（Africa）、亚洲（Asia）、欧洲（Europe）、拉丁美洲（Latin

America)、北美洲（North America）以及大洋洲（Oceania）6大洲。

本书选取了以"服务—制造"新形态国际分工特征较为明显的2005年跨国截面数据作为实证检验的样本。有关各解释变量和控制变量的具体含义及数据来源请参见附录一。由于有的国家（地区）相关数据的缺失导致了各控制变量的可获得性并不一致，因此各变量的观测值样本国家数也就不一样，在尽可能满足样本最大化的情况下，表5-1给出了相关变量的均值、标准差、最大值和最小值的描述性统计。

表5-1 主要变量的统计性描述

变量名	全部样本国家				
	样本数	均值	标准差	最大值	最小值
RCA	161	1.496	1.125	4.523	0.036
Law	161	0.034	0.973	2.112	−1.953
Pop	161	37783242	1.38E+08	1.30E+09	48000
Latitude	161	0.291	0.193	0.722	0.011
Tel	154	20.869	18.686	69.244	0.183
Road	143	50.328	33.639	100.000	2.440
Edu	99	27.007	0.196	91.986	1.091
Urban	71	29.930	17.601	103.342	2.753

三、基于OLS的实证及结果分析

第四章关于新形态国际分工形成动因（基础）的理论分析中曾提到人均收入水平与一国经济结构存在较大关系，人均GDP越高，该国（地区）服务业在国民经济中所占比重就越高。一般情况下，服务贸易出口水平也会与之呈正相关关系。预回归中，我们发现人均GDP与服务贸易出口RCA之间的确存在较显著的正相关关系，但同时也发现制度环境与人均GDP变量之间具有高度的相关性，相关系数甚至高达0.864（见图5-2），已经超出了多重共线性的门槛值 0.7。 如果将人均 GDP 和其他解释变量同时纳入回归方程，极易引起多重共线性而影响到回归的结果，并导致伪回归，因此在后面回归方程的控制变量中不再添加人均 GDP 变量。同时，制度环境与人均 GDP 之间的高度正相关性也验证了第四章所作的理论分析，即处于后工业化阶段的国家多具有高收入和完善的法治体系。为准确反映制度环境禀赋对服务贸易出口 RCA 的影响，考虑到各控制变量可能对模型计量结果稳健性带来的影响，这里采用了逐一添加控制变量的 OLS 方法来进行估计，结果见表 5-2 中方程（1）~（8）。

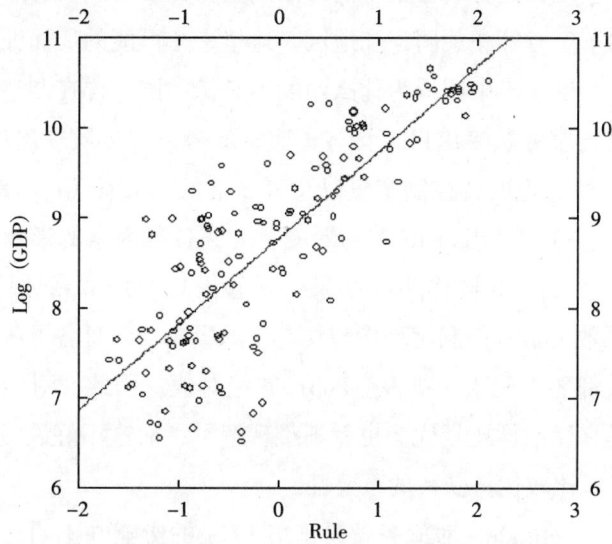

图 5-2　制度环境（Rule）与 Log（GDP）的散点图

（1）~（8）各方程的回归结果显示，制度环境对服务贸易出口 RCA 的确产生了非常显著（均在 95%水平以上显著）的影响。方程（1）中，制度环境的影响系数为 0.330（95%以上水平显著），即使是逐一加入了各控制变量，制度环境的影响依然保持着高度的显著性，并且系数变动基本维持在 0.330 左右，说明制度环境对服务贸易出口 RCA 影响的稳健性。而且相对其他控

---

① Lind 等人（2002）指出，如果回归变量之间的相关系数低于 0.7 则不会带来太大的多重共线性，而一旦超过 0.7 的门槛值，则共线性问题就会非常严重。同时经检验，式（5-1）中其他解释变量之间的相关系数均小于 0.7。

制变量，制度环境的影响系数较之其他控制变量都要大（除城市化变量 Urban 外），说明制度环境是服务贸易出口 RCA，即"服务—制造"新形态国际分工形成的重要影响因素。

从各控制变量的系数符号和显著性看，人口规模（Pop）对服务贸易出口显示性比较优势（RCA）的影响系数符号显著为负［方程（8）除外］，系数维持在-0.16左右。一般情况下，人口规模（Pop）越大，意味着该国和地区具有较丰裕的劳动力，往往劳动力价格也相对低廉，因而在需要大量劳动力投入的制造业，尤其是劳动密集型的加工制造业的发展上具有一定的比较优势。如中国和东南亚等相关国家和地区。这里一个可能的反面证据是，印度人口世界第二，仅次于中国，为什么印度不是像中国一样在制造业上具有比较优势，而是在服务贸易出口上具有了比较优势（服务贸易出口 RCA 指数1.83）？从我们所考虑的各控制变量以及表 5-2 回归方程（1）~（8）的系数可以看到，一国服务贸易出口 RCA 的形成会受到各种因素的影响，其最终优势的形成是各种因素共同作用的结果。尽管人口（Pop）对服务贸易出口 RCA 的影响系数为负，但制度环境却具有正的影响。而且各方程中制度环境的系数绝对值都要大于人口规模（Pop）的绝对值。因此，对于印度在服务贸易出口上具有显示性比较优势也就不难理解了，而这正好说明了制度环境对服务贸易出口比较优势获得的重要性。

地理位置（Latitude）对服务贸易出口 RCA 的影响并不明显，说明服务贸易可能并不像制造业那样对地理位置具有较高的要求。基础设施对服务贸易出口 RCA 的影响并不确定。从方程（6）看，每百人拥有电话线数（Tel）的影响系数为-0.318，而公路铺设比例（Road）的影响系数为 0.327。良好的基础设施会促进经济的发展（包括服务经济），这点容易理解。但是，相关研究（Root & Ahmed, 1979；崔新建，2001；Peter et al., 2007）表明，基础设施对制造业的发展，尤其是对吸引制造业 FDI 的影响更为明显。基础设施越好的国家就越可能吸引到更多制造业 FDI，进而制造业产品的出口就更多，在制造品的贸易上更具比较优势，在服务贸易上则可能处于比较劣势。因此基础设施对服务贸易出口 RCA 影响系数为负也就能得到合理解释。

第五章 制度环境与新形态国际分工的形成：基于跨国截面数据的实证

表 5-2 制度环境与服务贸易比较优势相关系计量结果

被解释变量	未剔除人口小于百万的国家								剔除人口小于百万的国家							
	(1)	(2)	(3)	(4)	(5)	(6)	(7)	(8)	(9)	(10)	(11)	(12)	(13)	(14)	(15)	(16)
α	0.080 (1.226)	0.302 (1.328)	2.785*** (6.531)	2.783*** (6.516)	3.127*** (6.462)	2.416*** (4.232)	1.477* (1.707)	-1.917 (-0.873)	-0.096 (-1.516)	-0.313** (-2.109)	0.960 (1.178)	0.969 (1.141)	1.082 (1.307)	0.653 (0.753)	0.046 (0.040)	-1.917 (-0.873)
Rule	0.330*** (4.563)	0.360*** (4.699)	0.258*** (3.823)	0.265*** (3.692)	0.338*** (3.537)	0.360*** (3.734)	0.228** (2.355)	0.325** (2.445)	0.232*** (3.289)	0.234*** (2.991)	0.225*** (2.930)	0.225*** (2.813)	0.338*** (3.254)	0.377*** (3.551)	0.273*** (2.669)	0.325*** (2.445)
Pop			-0.171*** (-5.906)	-0.169*** (-5.728)	-0.175*** (-5.913)	-0.167*** (-5.162)	-0.108** (-2.713)	0.027 (0.333)			-0.076 (-1.558)	-0.076 (-1.550)	-0.066 (-1.400)	-0.070 (-1.455)	-0.044 (-0.953)	0.027 (0.333)
Latitude				-0.152 (0.498)	0.231 (0.513)	0.275 (0.572)	-0.524 (-0.803)	-0.190 (-0.302)				-0.025 (-0.049)	0.583 (1.334)	0.513 (1.114)	-0.522 (-0.822)	-0.190 (-0.302)
Tel					-0.149* (-1.825)	-0.318*** (-3.426)	-0.207* (-1.744)	-0.270 (-1.298)					-0.203** (-2.205)	-0.345*** (-3.462)	-0.304** (-2.494)	-0.270 (-1.298)
Road						0.327*** (3.453)	0.211*** (3.410)	0.228 (1.396)						0.259*** (2.502)	0.201* (1.714)	0.228 (1.396)
Edu							0.172 (0.902)	0.177 (0.654)							0.277 (1.352)	0.177 (0.654)
Urban								0.246* (1.915)								0.246* (1.915)
Continent		Yes	Yes	Yes	Yes	Yes	Yes	Yes		Yes	Yes	Yes	Yes	Yes	Yes	Yes
D.W	2.290	2.293	2.311	2.306	2.090	1.932	1.599	1.536	2.332	2.320	2.332	2.331	2.163	2.025	1.679	1.536
R²	0.134	0.171	0.300	0.301	0.285	0.321	0.206	0.231	0.083	0.098	0.116	0.116	0.137	0.187	0.177	0.231
Sample	161	161	161	161	154	143	99	71	131	131	131	131	128	120	89	71

注：*** 表示在1%的水平上显著，** 表示在5%的水平上显著，* 表示在10%的水平上显著。括号内为异方差稳健性 t 检验值，所有检验均运用 Eviews6.1 完成。除 Rule 和 Latitude 外，其余变量均取对数值。

理论上，教育水平越高则服务贸易出口 RCA 就越高，教育对服务贸易出口 RCA 应该具有正的影响，但如果仅仅采用一般水平的识字率来衡量教育对服务贸易出口 RCA 的影响可能并不合理。① 正如上述所分析，国际服务贸易中，如会计、咨询、金融以及专业科学技术服务等具有较高的人力资本门槛，并非普通的劳动力可以胜任，其从业人员必须接受过一定年限的教育和专业培训。因此认为采用高等教育的毛入学注册率（Gross Tertiary School Enrollment, %）作为教育水平（Edu）对服务贸易出口 RCA 影响的指标更为合理。方程（7）中，教育（Edu）的确对服务贸易出口 RCA 具有正的影响，但并不显著（在37%水平上）。

对此，Clague 等人（1997）研究认为，或许发展教育是实现经济持续快速增长的必要但非充分条件，如果制度建设非常落后，人们可能无法完全施展其才能，教育所产生的社会收益就会大打折扣。

江小娟（2004）、Riddle（1986）等人均认为城市化是影响服务业发展的重要因素，城市化水平越高，则服务业比重就会越高，进而服务贸易出口的比较优势也会较高。但从国际服务贸易发展的实际情况看，一国（地区）服务贸易的出口往往具有明显的地理聚集性，主要集中于该国（地区）的中心城市和规模较大的城市。因为只有当城市规模达到一定规模之后才可能形成规模经济和集聚效应（陆铭，2008），才会形成服务贸易的出口。小城市虽会增加服务业在国民经济中的比重，但不一定会增加服务贸易的出口比重，因为服务贸易主要是以生产性服务业为主，而非占据小城市服务业绝对比重的消费性服务。因此，这里以该国（地区）最大城市人口占总城市人口的比重来作为衡量城市化发展水平。方程（8）显示，最大城市人口规模越大，亦即城市化集聚效应越明显，则该国（地区）服务贸易出口 RCA 也就越高。② 而

---

① 在我们的预回归中，我们发现用一般水平的识字率作为教育（Edu）指标对服务贸易出口 RCA 的影响为负。而且我们也看到，经过各国政府的努力，基本的教育已经在各国（地区）得到了普及，以一般识字率来衡量教育发展水平的差距已经并不明显。

② 在我们的预回归中，如果用总人口中城市人口比重作为城市化指标，则回归的系数为负，显然不合理。

第五章 制度环境与新形态国际分工的形成：基于跨国截面数据的实证

且，在加入城市化控制变量后，其他控制变量的显著性都在一定程度上有所降低，这可能与城市化本身就是人口、教育、基础设施等的集合体，其与其他控制变量有着密切联系有关。

在对各国（地区）服务贸易出口 RCA 指数分析中发现，服务贸易出口 RCA 指数排名最靠前的国家和地区往往人口规模都比较小，有的甚至只有几十万人口。如 2005 年服务贸易出口 RCA 指数最高的萨摩亚（Samoa），人口只有 17.9 万人。在 RCA 指数超过 4.0 的国家和地区中，只有黎巴嫩（Lebanon）的人口超过百万。① 而这些小国往往经济结构很单一，有的主要经济来源就是依靠其自然资源优势所带来的旅游收入。为避免这些小国（地区）样本对分析结论所带来的影响，并检验制度环境对服务贸易出口比较优势影响的稳健性，这里进一步剔除了人口规模小于百万的国家（地区）样本，并重新进行了计量分析，结果见表 5-2 中回归方程 (9)~(16)。

从剔除了小国（地区）样本的计量结果看，制度环境对服务贸易出口 RCA 的形成依然具有非常显著的影响（依然保持在 95% 水平以上显著），影响系数基本维持在 0.23 左右。而且与方程 (1)~(8) 相比，其他控制变量的符号和显著性也只是发生了微弱的变化，说明即使是剔除了小国样本可能带来的干扰，制度环境对服务贸易出口 RCA 的影响依然十分稳健。

为说明 Kaufmann 等人所公布的 6 个治理子指标之间具有较高的相互联系，也为更客观、全面地反映一国（地区）制度环境对服务贸易出口 RCA 的影响，这里分别将另外 5 个子指标纳入式 (5-1) 作了实证检验。限于篇幅，这里仅列出了没有加入其他控制变量以及加入了所有控制变量的计量结果（见表 5-3）。恰如预期，言论自由（Voice and Accountability）、政治稳定性（Political Stability No Violence）、政府效率（Government Effectiveness）、规则质量（Regulatory Quality）、腐败控制（Control of Corruption）等相关测

---

① 服务贸易出口 RCA 超过 4.0 的国家及其人口规模分别是黎巴嫩（Lebanon），人口 4081594 人，塞浦路斯（Cyprus）835998 人，巴哈马（Bahamas）325496 人，圣卢西亚（St. Lucia）164791 人，法属波利尼西亚（French Polynesia）255313 人，安提瓜和巴布达（Antigua and Barbuda）83534 人，吉布提（Djibouti）804940 人以及萨摩亚（Samoa）178966 人。

表 5–3 Kaufmann（2007）治理指数的其他 5 个子指标与服务贸易出口 RCA 的计量结果

	未代入任何控制变量						代入所有控制变量			
	(1)	(2)	(3)	(4)	(5)		(6)	(7)	(8)	(9)
α	0.067 (1.018)	0.093 (1.454)	0.064 (0.927)	0.057 (0.814)	0.079 (1.181)	α	−1.002 (−0.447)	−2.915 (−1.200)	−1.402 (−0.612)	−1.557 (−0.666)	−1.358 (−0.587)
Voi	0.356*** (4.802)					Voi	0.336** (2.673)			
Pol		0.356*** (4.627)				Pol		0.377** (2.039)		
Gov			0.256*** (3.759)			Gov			0.315** (2.368)	
Reg				0.296*** (3.702)		Reg				0.396** (2.246)
Cor					0.264*** (4.006)	Cor					0.280** (2.183)
D.W	2.318	2.309	2.284	2.275	2.278	D.W	1.604	1.673	1.636	1.718	1.662
R^2	0.147	0.142	0.084	0.129	0.093	R^2	0.237	0.234	0.216	0.237	0.207
Sample	161	161	161	161	161	Sample	71	71	71	71	71

注：*** 表示在 1%的水平上显著，** 表示在 5%的水平上显著。括号内为异方差稳健性 t 检验值，所有检验均运用 Eviews6.1 完成。其中 Voi 代表 Voice and Accountability；Pol 代表 Political Stability No Violence；Gov 代表 Government Effectiveness；Reg 代表 Regulatory Quality；Cor 代表 Control of Corruption。

度制度环境的其他 5 个子指标同样对服务贸易出口 RCA 具有显著和明显的影响。

与此同时，为考察不同组别制度环境水平对服务贸易出口 RCA 的影响是否具有差异，将整个样本的法治水平分值从低到高排序，按照 25%、50% 和 75%的水平进行分组，①并将基本的计量模型设置为：

$$RCA_i = \alpha_0 + \beta_1 D + \beta_2 Rule_i + \beta_3 Rule_i \times D + \beta_4 X_4 + \varepsilon_i \tag{5-2}$$

其中，和模型（5–1）一样，α、β、ε 分别表示变量系数向量和残差向量。X 表示其他控制变量向量。D 是按照法治水平分组的国家虚拟变量，定义如下：

---

① 按照法制水平分值从低到高排序，即按照前 25%、50%、75%的国家分别被划分为一组。

第五章 制度环境与新形态国际分工的形成：基于跨国截面数据的实证

$$D = \begin{cases} 0, \text{制度高分国家} \\ 1, \text{制度低分国家} \end{cases}$$

Rule×D 表示的是制度环境和虚拟变量 D 的交互乘积。依据定义，当 D=1 时，则制度环境对低分国家服务贸易出口 RCA 影响系数为 $\beta_2+\beta_3$；当 D=0 时，则制度环境对高分国家服务贸易出口 RCA 影响系数为 β_2，二者的差别即为 β_3 的大小（计量结果见表 5-4）。①

表 5-4 结果显示，无论是制度环境得分 25%，还是 50% 水平上的分组，Rule×D 的系数都显著为正，而且这种影响的差别还十分明显。制度环境得分 25% 组别影响差距在 1.50 以上，50% 组别影响差距也在 0.75 以上，说明在制度环境糟糕的国家（地区），制度环境对该国（地区）服务贸易出口 RCA 的影响要显著大于制度环境良好的国家（地区）。理论上，这正好符合了经济学原理中的要素边际报酬递减规律，制度环境越好的国家（地区），通过发挥制度优势对服务贸易出口 RCA 的影响会越来越微弱；制度环境糟糕的国家（地区），制度环境的些许改善都可能对服务业和服务贸易发展带来明显的促进作用。其政策含义也就不言而喻，对致力于发展服务贸易而制度环境较糟糕的国家（地区）而言，通过改善其制度环境将会对其服务贸易比较优势的提升具有较大的促进作用。

四、基于 IV 估计的稳健性检验

以上主要运用最小二乘法（OLS）就制度环境对服务贸易出口 RCA 的影响进行了的估计。在上述分析中，我们发现制度环境和服务贸易出口 RCA 存在双向相互影响的因果关系。即在我们的模型设置中，制度环境为一个内

---

① 限于篇幅，这里只列出了 25% 和 50% 水平分组的计量结果，而 75% 水平分组所得出的结论与之一样，因此不再列出。

表 5-4 不同制度环境水平国家的分组计量结果

被解释变量	25%制度环境水平分组								两组国家制度环境 (Rule of Law) 系数差距		50%制度环境水平分组					
	(1)	(2)	(3)	(4)	(5)	(6)	(7)	(8)	(9)	(10)	(11)	(12)	(13)	(14)	(15)	(16)
α_0	0.151* (1.914)	0.351 (1.528)	2.907*** (6.648)	2.910*** (6.614)	3.235*** (6.919)	2.473*** (4.532)	1.792** (2.193)	-1.867 (-1.085)	0.400*** (2.992)	0.699*** (3.239)	3.020*** (7.141)	-3.022*** (7.100)	3.431*** (7.621)	2.672*** (5.010)	1.477* (1.731)	-2.846 (-1.472)
D	1.407*** (2.441)	1.524*** (2.829)	1.570*** (2.963)	1.569*** (2.964)	1.347*** (1.944)	1.598*** (2.243)	1.950 (1.453)	2.744** (1.865)	0.053 (0.212)	0.037 (0.147)	0.214 (0.850)	0.216 (0.857)	0.117 (0.453)	0.177 (0.680)	0.352 (1.141)	0.721* (1.823)
Rule	0.215*** (2.858)	0.272*** (3.251)	0.177*** (2.480)	0.183*** (2.390)	0.249*** (2.501)	0.290*** (2.895)	0.134* (1.656)	0.144 (1.429)	-0.011 (-0.110)	-0.009 (-0.080)	0.012 (0.116)	0.019 (0.174)	0.063 (0.567)	0.103 (0.938)	0.163 (1.194)	0.079 (0.481)
RulexD	1.526*** (2.720)	1.563*** (2.918)	1.573*** (2.987)	1.570*** (2.977)	1.600*** (2.287)	1.729*** (2.438)	2.409*** (1.624)	3.460*** (2.257)	0.854*** (2.785)	0.850*** (2.771)	0.757*** (2.576)	0.754*** (2.559)	0.901*** (2.981)	0.891*** (2.846)	0.652 (1.290)	1.653*** (2.622)
Pop			-0.172*** (-6.236)	-0.170*** (-6.129)	-0.172*** (-6.126)	-0.164*** (-5.451)	-0.117*** (-2.961)	0.029 (0.384)			-0.164*** (-5.543)	-0.163*** (-5.456)	-0.164*** (-5.544)	-0.159*** (-5.056)	-0.110*** (-2.704)	0.072 (0.978)
Latitude				-0.124 (-0.253)	0.254 (0.550)	0.265 (0.538)	-0.626 (-0.926)	-0.197 (-0.307)				-0.112 (-0.227)	0.384 (0.870)	0.410 (0.883)	-0.485 (-0.704)	0.077 (0.101)
Tel					-0.182** (-2.190)	-0.330*** (-3.204)	-0.307*** (-2.298)	-0.409* (-1.912)					-0.218*** (-2.650)	-0.383*** (-3.913)	-0.267** (-2.095)	-0.493** (-2.151)
Road						0.316*** (3.316)	0.191* (1.872)	0.205 (1.568)						0.339*** (3.837)	0.228** (2.046)	0.350** (2.207)
Edu							0.273 (1.607)	0.338 (1.550)							0.204 (1.107)	0.279 (1.192)
Urban								0.305** (2.205)								0.378*** (2.939)
Continent		Yes	Yes	Yes	Yes	Yes	Yes	Yes		Yes	Yes	Yes	Yes	Yes	Yes	Yes
D.W	2.203	2.186	2.213	2.215	1.960	1.972	1.827	1.974	2.181	2.176	2.140	2.142	1.955	1.947	1.726	1.905
R^2	0.201	0.237	0.367	0.368	0.346	0.387	0.300	0.473	0.193	0.227	0.342	0.342	0.339	0.374	0.245	0.428
Sample	161	161	161	161	154	143	99	71	161	161	161	161	154	143	99	71
	1.526*** (2.720)	1.563*** (2.918)	1.573*** (2.987)	1.570*** (2.977)	1.600*** (2.287)	1.729*** (2.438)	2.409*** (1.624)	3.460*** (2.257)	0.854*** (2.785)	0.850*** (2.771)	0.757*** (2.576)	0.754*** (2.559)	0.901*** (2.981)	0.891*** (2.846)	0.652 (1.290)	1.653*** (2.622)

注：*** 表示在1%的水平上显著，** 表示在5%的水平上显著，* 表示在10%的水平上显著。括号内为异方差稳健性 t 检验值，所有检验均用 Eviews6.1 完成。

第五章 制度环境与新形态国际分工的形成：基于跨国截面数据的实证

生变量，而忽视这种内生性可能导致制度环境变量系数中包含了一些不可观测变量的影响，会与回归方程中的残差项存在显著的相关关系，导致回归结果的偏误。而解决内生性问题的办法之一就是寻找内生变量的外生变量，即应用IV（Instrumental Vaviables）工具变量估计法（格林，2007）。为此，我们将通过构造制度环境的工具变量来对其影响的稳健性做进一步的检验。

La Porta 等人（1999）认为一国制度环境的表现主要由三类因素共同决定：经济的、政治的和文化的。制度经济学理论的发展告诉我们，制度之所以被创造是因为制度能够带来经济效益，当建立制度所带来的收益超过建立的成本时，制度便形成了。显然，经济的决定因素可能是内生于其自身的，因此不适合作为制度环境的工具变量。政治因素倒是提供了一种可能的选择。North（1990）、Olsen（1993）认为，制度是由当权者为巩固权力和向他们自身进行资源分配转移而形成的，即所谓"规则源于自利"。政治理论中的功利主义将政治行动视为自我利益算计的产物，工具主义也将决策的制定和资源的分配视为政治生活中的核心任务。现有的文献认为，政治决定因素又是深深根植于其历史因素中的，如该国的法律起源（Legal Origin，LO）以及该国的民族细分程度（Ethno Linguistic Fractionalization，ELF），而这些历史的因素是外生于其现期经济结构的。Mauro（1995）、La Porta 等人（1999）都曾将民族细分程度（ELF）作为制度质量的重要外生决定因素，并且ELF与法治水平呈负相关关系。关于ELF对制度形成的影响原因，Shliefer 和 Vishny（1993），Alesina、Baqir 和 Easterly（1999）也都曾做过详细的分析。

这里我们采用La Porta 等人（1999）所公布的有关各国和地区法律起源（LO）以及民族细分程度（ELF），[①]作为制度环境的工具变量。国家的法律起

[①] 其ELF是基于20世纪60年代的调查所得出的。该变量数值的获得主要是从5个方面对60年代的平均，包括：一国中任意两个人是否属于一个少数民族语言组（Ethno Linguistic Group）的可能性；任意两个被选中的个人（Individuals）讲不同语言的可能性；任意两个被选中的主体（Agents）不讲同一种语言的可能性；不讲官方语言的人口比重；不讲绝大多数人使用的语言的人口比重。ELF的大小介于0到1之间，越大代表该国的分裂度就越大。

· 103 ·

源被划分为 5 类，分别是：英美国家（English）、法国（France）、德国（Germany）、斯堪的纳维亚（Scandinavian）和社会主义国家（Socialist）。不同法律起源的国家经过不断地演进，其制度环境最终形成了较大的差距。一般认为，英国普通法（the English Common Law）对私人产权不受外来（政府公权）侵犯具有良好的保护；而法国民法（the French Civil Law）往往被政府用来作为对国家经济建设和命脉进行控制的工具；社会主义体系（the Socialist Syestem）则被认为是这种控制最为严厉的表现。从图 5-3 看，Socialist 国家的制度环境分值只有-0.442，是所有法律起源中最低的，其次是 France（-0.237）和 English（0.214）。而德国（Germany）和斯堪的纳维亚（Scandinavian）比其他三类都要高很多，一种较为普遍的看法是这两种体系与另外三种法律体系不具备可比性，因为这种区别还相当的微弱（La Porta, 1999），因此这里剔除掉 German 和 Scandinavia 法律起源的国家样本。

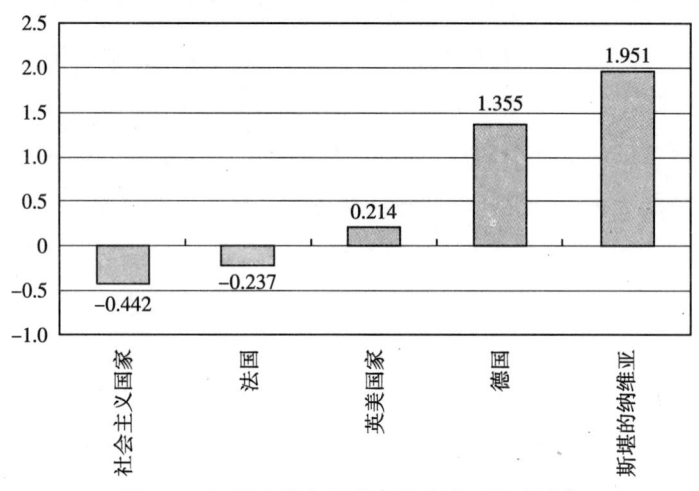

图 5-3 不同法律起源类型的法治环境比较①

资料来源：根据 La Porta 等（1999）绘制。

采用简单的两阶段工具变量估计法，计量模型设置如式（5-3）：

$$RCA_i = \alpha + \beta \, Rule_i + \varepsilon_i \tag{5-3}$$

---

① 此图是基于 209 个样本国家（地区）的数据得到。

第五章 制度环境与新形态国际分工的形成：基于跨国截面数据的实证

民族细分度（ELF）和法律起源（LO）作为制度环境的工具变量。原假设为 ELF、LO 不包含在 ε_i 之中。也就是说，ELF 和 LO 仅仅通过对制度环境带来影响，进而对服务贸易出口 RCA 产生影响。结果如表 5-5 所示。

表 5-5 稳健性检验——两阶段最小二乘法计量结果

	(1)	(2)
被解释变量：Service Trade RCA	Second stage regressions	
	English and France	English, France and Socialist
α	0.188** (2.315)	0.187** (2.422)
Rule	0.649*** (3.358)	0.655*** (3.730)
Sample	113	125
R^2	0.118	0.102
D.W	2.217	2.173
Hansen test	0.161	0.162
P-value	>0.500	>0.500
被解释变量：Rule of Law	First stage regressions	
α	0.696*** (4.447)	0.167 (1.176)
ELF	-1.268*** (-5.646)	-1.295*** (-5.789)
English	0.537*** (3.462)	0.540*** (3.466)
Socialist		-0.478** (-2.304)
D.W	1.933	1.906
R^2	0.227	0.241

注：*** 表示在 1% 的水平上显著，** 表示在 5% 的水平上显著，* 表示在 10% 的水平上显著。括号内为异方差稳健性 t 检验值，所有检验均运用 Eviews6.1 完成。

工具变量必须满足的第一个条件是与被工具变量高度相关。从制度环境与 ELF 和 English 以及 Socialist 的第一阶段回归结果看，它们之间的确存在高度显著的相关关系，ELF 与制度环境之间存在较为明显的负相关关系，相关系数达到-1.295,① 与 English 和 Socialist 的相关系数也分别达到 0.540 和-0.478。工具变量必须满足的第二个条件则是其选取必须是外生的，即与回归方程中的残差项不相关。这个可以通过对所选取的外生变量进行过度识别检验（Over-Identifying Test），即 Sargan-Hansen 检验。在我们的估计结果中，Hansen 值均十分小，分别只有 0.161 和 0.162。表 5-5 方程（5-1）中，由于工具变量只有 ELF 和 France，因此自由度为 1，通过查阅 χ^2 分布表，其 P-value 值大于 0.500，而 Sargan-Hansen 外生性检验的原假设（H_0）是所选择的工具变量是有效的工具变量，这意味着 ELF 和 France 的工具变量不能够被拒绝。同样，表 5-5 方程（5-2）满足自由度为 2 的 χ^2 分布，其 P-value 值也是同样大于 0.500，即也不能拒绝将 ELF、France 以及 Socialist 作为制度环境的工具变量。

两阶段最小二乘法估计结果表明制度环境对服务贸易出口 RCA 的影响较 OLS 结果更为明显，影响系数都在 0.65 左右，说明在考虑了制度环境内生性之后，检验的结果依然支持 OLS 的估计结论——制度环境的差异是构成各国（地区）服务贸易出口 RCA 的重要因素，即国家（地区）间制度环境禀赋的差异是"服务—制造"新形态国际分工形成的重要动因（基础）。

更进一步，本书还分别通过做制度环境变动（Rule of Law Change）与服务贸易出口 RCA 变动（RCA Change）以及服务业增加值占 GDP 比重变动（Service Value Added Change）的散点图，以此来检验制度环境改善是否会促进服务贸易出口 RCA 和服务业增加值占 GDP 比重的提升。如果它们之间是正相关关系则进一步说明了制度环境对服务业及服务贸易发展的重要性。这里以 2005 年的制度环境分值减去 2004 年的分值（$Rule_{2005} - Rule_{2004}$）作为横坐标，以 2005 年的服务贸易出口 RCA 指数和服务业增加值占 GDP 增加值分别减去 2004 年服务贸易出口 RCA 指数（$RCA_{2005} - RCA_{2004}$）和服务业增加值占 GDP 比重（$Value_{2005} - Value_{2004}$）作为纵坐标（见图 5-4 和图 5-5）。结果发

---

① 我们注意到，Alesina 等人（2003）也公布了一个主要基于 20 世纪 90 年代计算得出的民族细分程度的数据。本书运用他们所公布的民族细分数据计算了与法治之间的关系，得到的结果与运用 La Porta 基于 60 年代所得到的结果没有明显差别。

现,与前面通过 OLS 和 IV 工具变量法所得出的结论一致,制度环境的变动与服务贸易出口 RCA 和服务业增加值占 GDP 比重的变动具有明显的正相关关系,相关系数分别为 0.187 和 2.854,说明制度环境的改善的确能够提升服务贸易出口 RCA 和服务业发展,更进一步证明了制度环境对服务贸易出口 RCA 具有正的显著影响,制度环境乃是"服务—制造"新形态国际分工形成的重要动因(基础)。

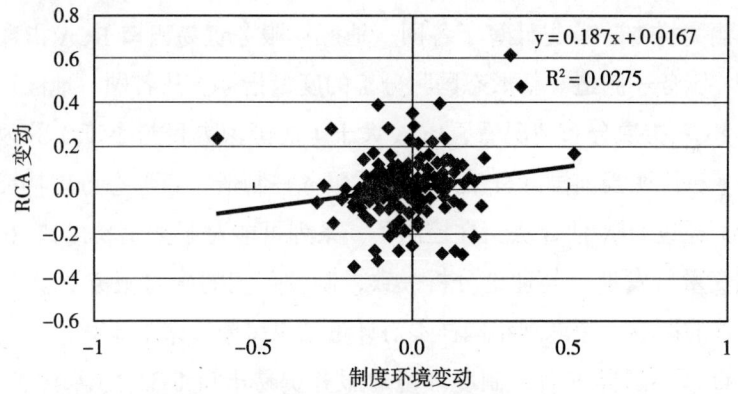

图 5-4 制度环境变动与 RCA 变动相关关系

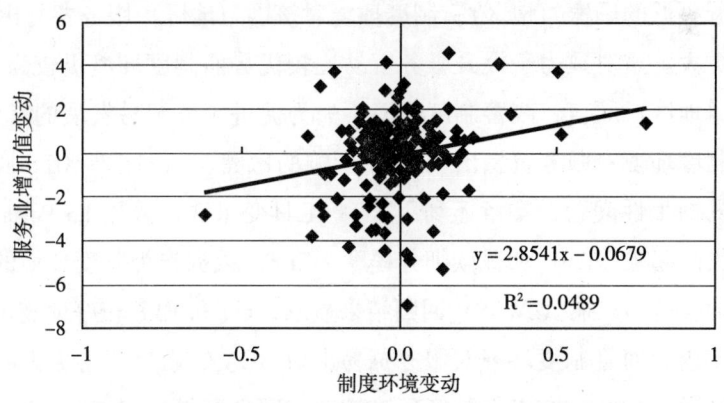

图 5-5 制度环境变动与服务业增加值变动相关关系

五、本章小结

本章主要是对"制度环境禀赋是'服务—制造'新形态国际分工形成的重要动因(基础)"的一个实证检验。以 2005 年各国(地区)商品和服务贸易出口额为样本,首先计算了各国(地区)服务贸易出口 RCA 指数,并以此作为"服务—制造"新形态国际分工的度量指标。从各国(地区)服务贸易出口 RCA 指数分布情况看,RCA 大于 1 的国家数目与小于 1 的国家数目基本持平,说明当前国际分工体系中"服务—制造"新形态分工特征正越来越显著。通过 OLS 估计法,在控制了一系列可能对服务贸易出口 RCA 产生影响的变量后发现,与理论分析一致,制度环境的确对服务贸易出口 RCA 具有显著的影响。考虑到小国样本对计量结果可能带来的干扰,在剔除了人口小于百万小国样本后,制度环境对服务贸易出口 RCA 的影响依旧显著。同时,在对制度环境得分由低到高的 25%和 50%分组计量结果显示,在制度环境得分更低的国家(地区),制度环境对该国(地区)服务贸易出口 RCA 的影响更大。这对致力于提升服务贸易比较优势而制度环境仍较为"糟糕"的国家(地区)而言,改善制度环境不失为促进服务贸易发展的有效措施。为检验制度环境对服务贸易出口 RCA 影响的稳健性,即控制 OLS 回归中制度环境的内生性问题,本章还利用了 IV 工具变量法,采用 La Porta 等人所公布的法律起源(LO)和民族细分程度(ELF)数据作为制度环境的工具变量。两阶段最小二乘(2WLS)回归结果显示,LO 和 ELF 较好地满足了工具变量的要求,而且制度环境对服务贸易出口 RCA 的影响变得更为明显。最后,分别通过 2004~2005 年制度环境变动与服务贸易出口 RCA 变动和服务业增加值占 GDP 比重变动的散点图,发现它们之间都存在一定的正相关关系,进而更进一步证实了制度环境对服务贸易比较优势形成的重要影响,亦即制度环境是"服务—制造"新形态国际分工形成的重要动因(基础)。

第六章 新形态国际分工导致国际经济失衡的机制

第二章有关国际经济失衡的文献评述中曾指出各种观点,包括汇率操纵说、孪生赤字说等并不能完全解释此次国际经济长期的、结构性失衡的成因。并从国际经济失衡的特征出发,提出了从"服务—制造"新形态国际分工的视角来理解此次国际经济失衡的成因。尽管徐建炜和姚洋(2010)提出并在一定程度上通过实证说明了"服务—制造"新形态国际分工是导致此次国际经济失衡的根本原因,但其并没有分析"服务—制造"新形态国际分工引致失衡的机制。那么,"服务—制造"新形态国际分工引致国际经济失衡的机制是什么?缘何"服务"一方的国家多会出现贸易赤字,而"制造"一方的国家多出现贸易盈余?搞清楚这些问题是治理失衡和走出危机阴霾的前提条件,而本章的主要目的即在于探讨"服务—制造"新形态国际分工引致国际经济失衡的机制所在。以下将从三个方面展开分析这一影响机制的过程:一是新形态国际分工下贸易开放的非对称性,主要是服务贸易和货物贸易的开放度比较;二是新形态国际分工结构下收入分配不均的加剧,主要是"服务"国和"制造"国内部的收入分配情况;三是国际货币体系的内在缺陷,主要是美元霸权所存在的问题等。

一、新形态国际分工下贸易开放的非对称性

直观地分析,"服务—制造"新形态国际分工下之所以出现经济失衡,在于"服务"国出口的服务品无法平衡从"制造"国进口的制造品。新形态国际分工结构下,"服务"国通过出口服务品换取"制造"国生产的制造品。如果"服务"国的服务品出口额与制造品进口额相等,则不存在经济失衡问题;如果服务品出口额小于制造品进口额,则"服务"国会出现贸易赤字;反之,则会出现贸易盈余。同样,对于"制造"国也有相同的情形,只是与"服务"国贸易收支情况相反。此次国际经济失衡的特征正是"服务"国经常项目出现赤字,"制造"国经常项目出现盈余。亦即,"制造"国出口的货物更多,而"服务"国出口的服务不足,"服务"国不能完全地通过发挥其服务贸易比较优势出口更多的服务品来填补其进口赤字。全球化进程中,服务贸易与货物贸易开放的非对称性,服务贸易的开放度远远不及货物贸易的开放度是导致"服务—制造"新形态国际分工引致国际经济失衡最直观的原因。

(一)服务贸易与货物贸易非对称性开放的表现

服务贸易与货物贸易非对称性开放主要表现在以下两个方面:一是贸易自由化谈判的非对称性。在国际贸易自由化进程中,不仅货物贸易自由化谈判的启动要早于服务贸易,而且在谈判目标的选择上也较服务贸易更为"刚性"。二是贸易自由化程度的非对称性。经过多轮的多边谈判,货物贸易已具备了较高的自由化程度,服务贸易的自由化程度则远远不及货物贸易。

1. 贸易自由化谈判的非对称性

贸易自由化谈判的非对称性可以从谈判进程的先后,以及谈判目标选择

的"刚性"两方面来反映：

(1) 自由化谈判进程的先后。国际贸易最早始于货物贸易，在其漫长的发展过程中，服务贸易作为货物贸易的辅助项目，并没有形成一个独立的商业领域，直到第二次世界大战结束，服务贸易才逐渐崭露头角。因此，国际贸易中最早有组织的、多边贸易谈判的关税与贸易总协定（General Agreement on Tariffs and Trade，GATT）一开始也主要是围绕货物贸易自由化的问题展开的。加之相对货物贸易发展的差距，各国（地区）服务贸易发展的差距更悬殊，服务品的弱可贸易性以及其对经济影响的复杂性和安全性，政府出于保护国内相关服务业和国家安全等顾虑，有组织的、多边服务贸易自由化谈判直到 1986 年的乌拉圭回合才正式启动。在此之前关税与贸易总协定所进行的七轮谈判回合[①] 全是围绕着货物贸易自由化的议题，且重点集中在货物贸易"关税减让"的问题上。直到 1995 年 1 月 1 日，第一个多边国际贸易体制下有关服务贸易的框架性法律文件《服务贸易总协定》(General Agreement on Trade in Service，GATS) 才正式生效，与经过近半个世纪多轮谈判才形成的关税与贸易总协定等货物贸易谈判成果相比，服务贸易总协定充其量只算得上是一个"从无到有"的初步成果。

(2) 自由化谈判目标选择的"刚性"。由于各国服务业的发展极不平衡，发展程度差异较大的国家之间必然存在截然不同的利益导向。即使是同等发展水平的国家，服务业的内部结构和优势部门也不尽相同，其所需要的政策倾向也必然有所差别。因此，在服务贸易自由化谈判的进程中，不仅发达国家与发展中国家之间，而且同类发展中国家之间也存在不同的利益诉求，进而导致服务贸易自由化谈判较之货物贸易谈判的最终效果存在较大差异。

在自由化谈判目标选择上，货物贸易把具有刚性的、定量的"关税减让"作为一开始自由化谈判的目标，其基本思路是通过一轮又一轮的关税减让谈判，达成逐步深化的"关税减让协议"，以此来消除世界货物贸易发展

---

① 前七轮分别是日内瓦（1947 年）、安纳西（1949 年）、托奎（1951 年）、日内瓦（1956 年）、狄龙回合（1960~1961 年）、肯尼迪回合（1964~1967 年）、东京回合（1973~1979 年）。

的关税壁垒。同时，强调各缔约国只能以关税作为保护本国货物贸易市场的唯一手段，除非关税与贸易总协定另有规定，任何缔约方都不得采取其他非关税的国内措施来限制其他缔约方产品的进入。服务贸易自由化谈判方面，由于服务贸易的无形性使得服务贸易的发生不可能像货物贸易一样通过货物的跨国界转移来界定，海关很难对其进行统计和征收关税（Hoekman et al.，1997）。服务贸易自由化的障碍更多的是体现在市场进入壁垒以及东道国有关服务贸易政策的透明度方面。因此，服务贸易自由化谈判的焦点主要是集中于服务业市场准入和非歧视的国民待遇承诺等非关税壁垒的消除上。服务贸易自由化谈判中主要采取的是要价—出价方式，与货物贸易的关税减让方法对成员国的"刚性"要求相比存在较大差别。

"货物贸易缔约国一旦就公式和系数达成协议，所有成员都必须按照公式和相应的系数进行减让，存在一个强制的数量标准。但服务贸易要价和出价的方式则相对灵活，在开放市场方面，各成员出价的减让水平普遍不高，大多数只是对开放现状的描述，个别成员新出价的水平还不如其以前的开放水平。尤其在教育、医疗和自然人流动等敏感领域的新出价更少。最终，经过多年的要价和出价谈判，到2006年有69个成员提交了最初出价，在此基础上又有32个成员提交了改进出价。本应该在2003年3月提交的最初出价仍有近11个世界贸易组织成员（主要是发展中成员）未提交（不包括最不发达国家）。"①

因此，尽管服务贸易自由化谈判已成为当今国际贸易自由化谈判的重要议题，并取得了一定的进步，但若要达到同货物贸易自由化谈判相同的效果，各具体服务部门恐怕还需经过更为艰辛和漫长的实质性谈判。

---

① 世界贸易组织新一轮服务贸易谈判情况［N］．http://jingpin.szu.edu.cn/guojimaoyi/jingmao_view.asp? NewJingMao_ID=44.

第六章 新形态国际分工导致国际经济失衡的机制

2. 贸易自由化程度的非对称性

贸易自由化是指限制和取消一切妨碍和阻止国际间贸易开展的所有障碍，包括法律、法规、政策和措施等（邱继洲，2005）。服务贸易与货物贸易自由化程度的非对称性主要体现在两个方面：一是经过多轮谈判，无论是发达国家还是发展中国家，不管是在货物贸易上具有比较优势的国家还是不具备比较优势的国家，整个世界贸易组织成员国在《世界贸易组织总协定》的要求下，货物贸易的关税水平都得到了大幅度的下降，关税对货物贸易阻碍作用已经变得非常小。二是服务贸易的市场开放上，发达国家的服务贸易自由化承诺普遍高于发展中国家，服务贸易具有比较优势的国家开放水平高于不具备比较优势的国家，但整体上世界服务贸易开放水平要远远低于货物贸易。

（1）货物贸易的自由化水平。由于货物贸易具有明显的跨国转移性，海关容易通过关税来限制货物的进出口，关税构成了货物贸易的主要壁垒，因此，通常衡量货物贸易自由化的标准主要是从考察货物贸易的关税壁垒入手。① 经过多年有组织的多边贸易谈判，世界贸易组织成员国中，无论是发达国家还是发展中国家，无论最早成员国还是后来加入的成员国，在刚性"关税减让"目标的要求下，全球货物贸易的平均关税水平均已得到了显著下降。截至2008年，全球所有货物的简单平均（Simple Average）② 关税税率只有7.08%，制造品的简单平均关税税率为6.9%。如果依据加权平均（Weighted Average）③ 关税税率，所有货物的关税税率只有2.76%，制造品为2.16%。④ 而且新申请加入世界贸易组织的国家和地区，无一例外地要通过谈判承诺降低关税作为一种"入门费"，这也有力地促进了货物贸易的全面自由化。

---

① 尽管近年来，在货物贸易领域也出现了越来越隐蔽的非关税壁垒，但这种非关税壁垒所涉及的货物数量在整个货物贸易中的比例依然很小。
② Simple average=Sum of Duties/Number of lines.
③ Weighted average=（Sum of (duty×import value)）/Sum of import values.
④ 世界银行 World Dvelopment Indicator 数据库。

【我国的关税减让承诺历程】 为"复关"和加入世界贸易组织,从1992年,我国就自主性地进行关税减让,当年就调低了225种进口税目的税率,使关税算术平均税率由47.2%下降到43.2%;1993年调低了3371种商品进口税率,整体关税水平下降到36.4%,1996年对4871种进口商品税率作了调整,整体关税水平下降到23%;1997年,又大范围地降低了关税水平,平均关税水平下降了6个百分点,整体关税税率降至17%。2001年,调低了3462个进口税目的税率,占总数目的49%,到加入世界贸易组织前,我国关税总水平已经降为14%,其中工业品平均关税水平降到了13%。

表6-1 2000~2008年我国关税减让的实际水平和预期水平

单位:%

年份	关税总水平	工业品平均	年份	关税总水平	工业品平均
2000	16.4	15.7	2005	10.1	9.3
2001	14.0	13.0	2006	10.1	9.3
2002	12.7	11.7	2007	10.1	9.3
2003	11.5	10.6	2008	10.0	9.2
2004	10.6	9.8			

加入世界贸易组织后,2002年我国大幅度下调了5332种商品的进口税率,降税面达73%,关税总水平由加入世界贸易组织前的14%降为12.7%,其中工业品的平均税率由13%降到11.7%;2003年,我国再次降低了进口税则中3019个税目的最惠国税率,降税面达41%,调整后关税的平均总水平由12.7%下降至11.5%,工业平均关税税率降到10.6%;2004年,我国调整了2414个税目的最惠国税率,调整后的关税总水平降到了10.6%,其中,工业品平均关税下降到了9.8%;2005年我国的关税总水平下降至10%左右,其中工业品平均税率降至9.3%。由于关税上限是约束性的,实际关税水平比承诺的关税水平还要低。

资料来源:胡麦秀,张映芹.关税减让对我国非农产品进口绩效的影响效应分析[J].世界经济研究,2004(12).2005年以后的数据来自WTO网站。

另外,WTO对各国成员所作的关税减让承诺以及货物贸易政策实践都有定期的评审程序。① 而且，在发生贸易争端和贸易摩擦时，有专门的争端解决机制和机构进行调解，可以有效地避免货物自由贸易环境的恶化。

(2) 服务贸易的自由化水平。服务贸易壁垒主要体现在政府对服务贸易的国内管制和限制等非关税壁垒措施方面。如市场进入壁垒，明确规定不允许外国企业进入本国市场运营，或者虽然允许进入，但对进入本国的外国公司设置较高的进入门槛。如歧视性的政策，给予国内和国外企业不同的政策待遇，包括政府的歧视性采购、或明或暗的补贴等；对企业设立权的限制，要求服务提供过程中必须使用当地要素或对企业所有权结构等政策法规的限制，如外国的法律实体形式（代表处、分公司、子公司、合资公司、独资公司）、股权比例、准入资格等。

世界贸易组织范围内，服务贸易自由化的测度主要是从各成员国在服务贸易总协定中的开放承诺（市场准入承诺和国民待遇承诺）或者通过将这些非关税壁垒转化为等价关税（Equivalent Tariff）来衡量服务贸易壁垒的大小。由于服务贸易涉及的范围非常广，不同行业的服务贸易品，在服务的形态、提供方式、消费方式以及影响方面都存在较大的差异，因此对服务贸易自由化水平的衡量还要结合具体的行业进行分析。基于比较分析和全面反映服务贸易自由化程度的考虑，本节将主要从世界贸易组织不同类型成员国在各自服务贸易减让表中所作的具体承诺，以及具体服务行业自由化水平两方面来反映服务贸易自由化状况。

1) 世界贸易组织不同类型成员国在各自服务贸易减让表中所作的具体承诺情况。服务贸易减让表包括三种承诺方式：第一种是"没有限制"（None），意味着该成员国对以该种方式提供服务的外国服务者承诺不采取市场准入或国民待遇的限制；第二种是"不作承诺"（Unbound），意味着该成

---

① 美国、日本、欧盟和加拿大四个最大的贸易实体每2年审查一次，对其后的16个贸易量前20位的成员每4年审查一次，对前20位以外的其他成员则每6年审查一次。同时对于最不发达国家成员可以确定一个更长的审查周期。作为例外情况，如果某一成员贸易政策和实践发生变化，而这种变化对其贸易伙伴造成了重大影响时，受影响的成员可以向评审机构提出申请，评审机构可以通过协商要求对该成员的贸易政策与实践进行再次评审。

员国不承担任何义务,保留了充分的自由,可以按其愿望行事;第三种则是介于两者之间的"有限制"(Limited),详细列明了所采取的市场准入或国民待遇限制的内容和性质。

由于不同类型的国家服务贸易发展存在较大差距,其在服务贸易承诺水平上的差别也较大。整体上,发达国家的服务贸易竞争力要高于发展中国家,自然其服务贸易自由化承诺水平要高于发展中国家。从乌拉圭回合服务贸易谈判看,世界贸易组织发达成员国承诺开放的部门占所有服务部门的64%,经济转型成员占52%,发展中国家占16%,而且绝大多数发展中国家成员作出承诺的具体服务活动主要是包括与旅游相关的饭店和餐饮服务(77个发展中国家成员有69个作出了承诺)。① 从表6-2中各成员国在四种服务贸易形式的市场准入以及国民待遇原则上的承诺百分比的比较看,依然是发达国家的承诺水平高于发展中国家。在商业存在这一主要服务贸易形式上,无论发达国家还是发展中国家的限制均非常明显,如果把"不作承诺"部分加入,则更为明显。而商业存在(主要为FDI)恰恰是服务贸易的最主要的表现形式,并且其占据了全球服务贸易额的最为主要部分,如银行、电信、会计、咨询、销售、娱乐服务等。如此可见,服务贸易发展仍存在较大的贸易壁垒。

表6-2 市场准入和国民待遇限制②

单位:%

成员类型	跨境提供			境外消费			商业存在			自然人流动		
	没有限制	有限制	不作承诺	没有限制	有限制	不作承诺	没有限制	有限制	不作承诺	没有限制	有限制	不作承诺
市场准入												
总计	56	10	34	80	8	13	30	66	4	2	92	6
发达成员国	65	11	25	87	12	2	39	60	1	0	100	0

---

① 世界贸易组织秘书处编.乌拉圭回合协议导读.索必成,胡盈之.译 [M].北京:法律出版社,2000.

② 为作出承诺的具体服务活动占全部具体服务活动的百分比。

第六章 新形态国际分工导致国际经济失衡的机制

续表

成员类型	跨境提供			境外消费			商业存在			自然人流动		
	没有限制	有限制	不作承诺	没有限制	有限制	不作承诺	没有限制	有限制	不作承诺	没有限制	有限制	不作承诺
发展中成员国	44	10	46	70	2	28	20	75	5	5	81	14
经济转型成员国	52	11	37	79	11	10	37	61	12	0	99	1
国民待遇												
总计	63	4	33	83	2	15	11	83	6	30	61	9
发达成员国	70	5	25	95	3	2	0	97	3	17	83	1
发展中成员国	52	3	45	66	1	33	28	63	9	45	34	21
经济转型成员国	70	3	27	93	3	4	0	88	12	51	48	1

资料来源：何茂春. 国际服务贸易：自由化与规则——兼论扩大开放与国家经济安全［M］. 北京：世界知识出版社，2007.

同时表 6-2 还显示，在模式四（自然人流动）上，市场准入的限制就更加明显，而且发达国家比发展中国家在自然人流动上的限制更严格。发达国家有限制的比例达到 100%，经济转型国家为 99%，发展中国家为 81%。相比其他三种模式，自然人流动服务贸易自由化承诺是最有限的（Chanda，2001）。① 而且这种有限性不仅表现在部门范围上，还表现在各部门的自由化人员的种类上。有 100 多个国家的水平承诺都附加了苛刻的要求，如人员素质，基本限于专业人员、管理者和技术人员等高级人才，且大部分属于商务访问者和跨国公司内部转移人员。在 328 类允许流动的人员中，有 239 类属于高级人才，其中跨国公司内部转移员工就达 50%，仅仅有 17% 自由流动的属于低级人才。② 服务品生产和消费的同时性、不可储存性决定了服务贸易的开展大多要求服务提供者与服务消费者直接面对面方可进行，对人员流动

---

① 自然人流动是 WTO 服务贸易自由化谈判中，发展中国家与发达国家存在的最大分歧之一。
② 郭根龙. 服务贸易自由化与竞争力［M］. 北京：经济科学出版社，2007.

的如此高的限制自然也就限制了相关服务贸易的开展,如工程师、技术人员、建筑师、外科医生、演员、电影、电视和新闻工作者等跨国提供服务。这些都足以说明,在当前服务贸易的自由化在市场准入和非歧视国民待遇方面依然存在明显的障碍。

2)具体服务部门自由化水平。GATS 第二部分关于具体服务部门自由化的附录主要涉及航空运输、金融、海上运输和电信服务等。当前,银行多边服务以及航空运输是服务贸易领域开展最为活跃的行业,这里将以银行多边服务和空中运输服务两个具体行业为例说明服务贸易壁垒的形式和特点,以此来反映不同行业服务贸易自由化水平。

Claessens 和 Glaessner (1998) 认为,可以从 6 个方面来反映外国银行进入一国金融服务部门所存在的壁垒:①设立和所有权 (Establishment and Ownership),即是否对外国银行设立、收购股权存在限制;②办事处/自动柜员机 (Offices/ATMs),即是否对开设办事处和自动柜员机存在限制;③贷款/经营活动 (Lending/Activity),即是否对贷款和经营活动的市场份额具有限制;④全能银行业务 (Universal Banking),即是否存在对金融活动范围的限制;⑤人员规定 (Residency Requirement),即是否要求董事会中具有本国籍人员;⑥跨境贸易 (Cross-border Trade),即是否存在对离岸金融工具以及资本的控制。可以推断,国际金融服务壁垒主要是受到当地国法律和规则的约束。一方面,这些约束会增加外资银行进入的门槛,增加服务品生产成本;另一方面,相对国内的银行,这些法律和规则又具有明显的歧视性,这种歧视性法律和规则使得外资银行与国内银行并不是在同等条件下竞争。Hoekman (1995) 计算了主要国家的商务和金融服务壁垒的等价从价关税率 (Equivalent and Valorem Tariff) ① (见表 6-3)。其中,智利的商务与金融服务贸易壁垒的等价从价关税税率最高,达到 45.2%,其次为墨西哥为

---

① 其基本思路是,先人为地根据经验定义某部门封闭时的关税等值作为参考点 (Benchmark),然后将各服务贸易壁垒根据一定标准进行分类,并为每组壁垒打分,得到该部门的服务贸易壁垒指数,两者相乘得到该部门服务贸易壁垒的关税等值。如定义某部门最封闭式的限制程度相当于 200% 的关税,如果该部门实际的服务贸易壁垒指数是 70%,则该部门的关税等值为 140%。

40.9%。尽管这些等价从价关税率是 Hoekman 1995 年根据当时情况所计算得到的,但毫无疑问的是等价从价关税税率一定高于同期的货物贸易关税税率。

表 6–3 商务与金融服务贸易壁垒的等价从价关税率

单位:%

澳大利亚	奥地利	加拿大	智利	芬兰	日本	韩国	墨西哥	新西兰	新加坡	瑞典	土耳其	美国
24.8	20.1	25.9	45.2	23.8	28.9	36.3	40.9	30.5	35.9	22.5	35.4	21.7

资料来源:Hoekman, Bernard A Trading Blocs and the Trading System:The Services Dimension [J]. Journal of Economic Integralion, 1995, Vol. (10).

对空中运输服务贸易而言,各类服务贸易壁垒主要体现在对服务价格的影响(Price Impact),因为价格是构成空中运输服务竞争力的核心。Doove 等人(2001)通过公式 $\hat{p} = \alpha + \beta BRI + \gamma E + \varepsilon$ 估算了各种限制壁垒对空中运输服务价格的影响(见表 6–4)。其中,$\hat{p}$ 表示某一航线的空中运输价格;BRI 是该航线的限制指数;E 为影响价格的变量,主要包括航线的市场结构、机场条件、政府控制以及空中运输消费倾向等;ε 为残差项;α、β、γ 为待估系数。价格变量 $\hat{p}$ 反映的就是高于分析预测的实际价格部分。假设这些预测价格不受某一贸易限制的影响而保持不变,β 估计系数度量了由于限制而导致的空中运费上涨的百分比。

表 6–4 国际空中乘客运输服务:双边限制指数与价格影响

国家名称	协议/航线数量	双边限制指数[a]	价格影响[b]		
			商务舱	经济舱	折扣舱
澳大利亚	24	0.62	146.0	54.8	14.6
印度	20	0.77	164.4	81.3	21.8
印度尼西亚	16	0.73	139.7	53.0	20.4
日本	29	0.73	121.1	41.4	18.1
韩国	18	0.72	181.5	89.9	20.4
马来西亚	22	0.71	199.1	95.6	18.4
菲律宾	20	0.79	207.5	70.1	20.9
泰国	25	0.68	124.5	71.3	16.2

续表

国家名称	协议/航线数量	双边限制指数[a]	价格影响[b]		
			商务舱	经济舱	折扣舱
阿根廷	12	0.74	161.7	62.0	17.5
巴西	19	0.70	195.5	63.9	15.5
加拿大	29	0.60	114.5	56.9	11.4
智利	17	0.61	125.2	49.5	12.9
墨西哥	19	0.82	224.7	92.2	18.4
美国	32	0.40	52.9	33.2	8.9
奥地利	28	0.32	47.2	20.6	6.1
丹麦	30	0.34	53.1	21.1	7.0
法国	32	0.35	57.0	20.8	8.3
德国	32	0.37	56.5	20.3	8.1
瑞典	26	0.31	72.1	24.9	7.2
土耳其	20	0.56	98.8	32.2	10.7

注：a：越高表示限制越严重；b：相对基期的价格增长百分比。

资料来源：Doove, S., G. Owen, D. N. Hong and J. Owen, Price Effects of Regulation Telecommunications, Air Passenger Transport and Electricity Supply, Productivity Commission Staff Research Paper, Aus Info, Canberra (October), 2001.

表6-4估计结果显示，整个航空运输业，无论发达国家还是发展中国家都存在较高的空中运输贸易壁垒，这些壁垒均导致了空中运输价格的上涨，进而降低了其他国家空中运输服务在该国市场上的竞争力。其中，发展中国家的各种空中运输服务壁垒相对较高，而且对商务舱运输的价格影响最大。在计算的主要国家中，最高为墨西哥，相对基期商务舱价格上涨了近224.7%，最低的奥地利也达到了47.2%。

同时，GATS所赋予成员国更多的是根据本国经济情况采取措施，通过必要和适度的监管，使服务贸易自由化符合成员方宏观经济政策和经济安全以及社会稳定目标的权利和自由。但也可能使东道国不适的、不透明的、低效率的服务管制措施演化成服务贸易壁垒，因此，更多的服务贸易壁垒可能是隐蔽的（郭根龙，2007）。此外，在服务贸易摩擦等争端的解决上，尽管WTO有关货物贸易争端解决机制同样适用于服务贸易，但在服务贸易领域，规则约束力和报复制裁力都还比较有限。1995年1月1日至2001年7月的6年半的时间内,WTO成员根据《关于争端解决规则与程序的谅解》提起的磋商和投诉共234件,其中服务贸易案件只占有7件。①

综上所述,尽管全球经济一体化程度越来越高,但货物贸易和服务贸易之间却存在严重不对称的开放度——货物贸易的自由化程度要显著高于服务贸易。正是这种非对称的开放构成了"服务—制造"新形态国际分工下国际经济失衡最直观的原因。在服务贸易出口上具有比较优势的国家难以将其服务品出口至在制造品出口方面具有比较优势的国家,而具有制造品出口优势的国家把其产品出口到具有服务贸易优势的国家却相对容易。因此,尽管服务贸易发展的速度很迅猛,但全球贸易依然处在以货物贸易为主的发展阶段。在非对称开放格局下,那些逐步将制造业转移出去的以服务业为主的国家必定出现国际收支逆差,而承接了发达国家所转移出的制造业的国家则必定出现国际收支的顺差。

(二) 服务贸易与货物贸易非对称性开放的原因

众多研究文献表明,同货物贸易一样,服务贸易能够通过促进闲置资源的利用、扩大资本积累、刺激技术进步与创新等途径作用于经济,因此服务贸易自由化也会促进经济的增长和福利水平的提高。Matto 等人(2001)利用60个国家的截面数据进行估计发现,长期内服务贸易的开放与自由化将促进开放国经济的增长。Verikios (2001) 利用 CGE 模型实证分析19个国家(地区) 之间的电信和金融服务贸易自由化的经济效应表明,电信和金融服务贸易的自由化可以拉动全球经济增长的2%。郑辉(2009) 采用包括美国、印度等22个国家(地区) 在内的跨国面板数据对服务贸易与经济增长的关系进行了实证检验,服务贸易出口每增长1%就会推动GDP增长0.97%。既

---

① 何茂春. 国际服务贸易: 自由化与规则——兼论扩大开放与国家经济安全 [M]. 北京: 世界知识出版社, 2007.

然如此，缘何在服务贸易自由化方面，无论是发达国家还是发展中国家均表现出谨慎的、有限开放的态度？究其原因，服务贸易的自由化本身是一把"双刃剑"，在带来经济增长、资源优化配置、社会福利提高的同时，也可能带来风险导致经济的动荡，甚至崩溃。归纳起来，服务贸易自由化滞后的原因大致体现为以下几方面：

（1）各国（地区）服务贸易发展水平的悬殊性，导致服务业往往成为一国政府重点保护或垄断的对象。正如第三章"服务—制造"新形态国际分工的数据表明，无论是从贸易结构还是相对水平①看，不仅发达国家与发展中国家服务贸易和服务业发展水平之间存在着悬殊的差距，即使是同等经济水平的国家之间也存在着明显的不平衡。以金融服务为例，在部分国家金融服务业业已成为国民经济的重要支柱产业，各类金融工具及其衍生品种类繁多，能够提供金融服务的公司机构也相当普遍，而还有部分国家的金融服务业才刚刚起步，二者之间的竞争能力不可同日而语，因而需要本国政府为其提供保护。

（2）大部分服务业被认为具有动态比较优势的特征，本国政府的暂时性保护可以使其快速成长并获得竞争优势，而在不具备竞争优势下过早开放则可能导致本国的相关市场完全被国外跨国公司占领，进而永远失掉发展的机会（Matto et al.，2001）。对于某些对国民经济影响重大的服务贸易部门，则可能导致整个国家的经济命脉受制于跨国公司。如电信服务业具有明显的规模经济效应，市场范围（规模）是决定其获得竞争优势的关键。庞大的市场可以很快地抵消其固定成本，并使边际成本趋于零。一旦外国跨国公司获得在本国提供电信服务的机会，则可能采取压低价格挤垮国内企业，进而获得整个市场，乃至服务标准的制定权，然后通过提高服务价格赚取垄断利润，而国内企业发展相关服务的机会则会丧失殆尽。因此，一国政府往往对进入本国电信市场的FDI设置了较高的限制（见图6-1），②而且发展中国家高于

---

① 具体各国（地区）服务业和服务贸易发展水平差距数据详见本前文。
② 其中百分比越高表示对FDI的限制越高，最高为100%。

发达国家。中国对外商投资电信部门是100%的限制，菲律宾的限制也达到95%以上，而具有竞争力的国家，如日本、美国的限制程度则较小，日本仅有10%，美国有20%。

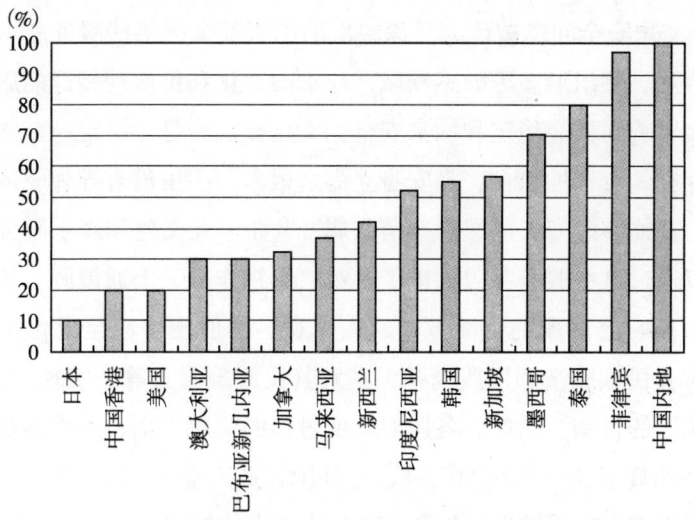

图 6-1 APEC 主要国家电信部门 FDI 限制程度（1996~1998 年）

资料来源：Hardin, A & Holmes, L., Assessing Barriers to Services Sector Investment, In C. Findlay & T. Warren (ed), Impediments to Trade in Services, Measurement and Policy Implications [M]. Routledge, 2000.

（3）服务业对经济影响的复杂性和监管的难以驾驭性决定了一国政府不敢贸然开放服务部门。作为生产投入的主要中间品，服务业的影响不仅体现在某一环节，而且深入到整个国民经济的各个部门中，甚至可以通过乘数效应放大影响。如金融服务业调控着整个经济活动中不可或缺的资本要素的流动和配置，其所带来的影响可以渗透到生产、投资和消费的所有领域。一方面，适宜的金融发展可以起到降低风险、动员储蓄、便利交易、有效配置资源和加强监督管理的功能（Levine，1991）；另一方面，金融服务业的发展也需要较高的人力资本以及合理的制度环境和风险管理能力为之提供配套，其与经济各部门错综复杂的联系和虚拟的特点导致对其监管的难以驾驭，与本国国情不符的过早或过度开放，轻则出现经济波动，重则引发经济危机。

1997年的东南亚金融危机,在一定程度上就在于一些东南亚国家过早开放了与其监管能力和制度环境不相匹配的金融服务部门所致。而在此之后,东南亚国家纷纷调整了其金融服务业对外开放政策,加紧了对国外金融服务业投资本国的监管,收缩了资本项目账户的开放程度。

(4) 文化安全问题被认为是深层次的国家安全,某些服务品可能牵涉文化、价值观、意识形态等敏感领域,与本国文化和价值观相悖的服务贸易品被认为会影响到社会稳定和国家安全。文化被认为是"决定一个国家和民族之所以存在的合理性所在,是安身立命之根本……虽没有导弹驱逐舰那样气势汹汹,却能够改变人的思想感情归属"。[①] 如个人文化和娱乐服务等,出口国家可以通过这些服务品（如电子游戏、影视作品、卡通漫画、图书等)来输出和宣扬自己国家的生活方式、人生观、价值观,甚至丑化进口国的文化,损害其民族感情和民族精神,消解其民族凝聚力等,实现文化"入侵"和"占领"的目的。因此,各国对其所进口的文化书籍、影像制品等内容均有着严格的规定和数量配额限制,对外国在此产业的FDI（见图6-2）具有很高的限制度,甚至被划为外资企业禁止涉入的领域。

二、新形态国际分工下收入分配差距的扩大

进一步地分析,"服务—制造"新形态国际分工引致国际经济失衡表现为"服务"国的过度消费和超前消费,需要从"制造"国进口大量的消费制造品;"制造"国则内需不足和生产相对过剩,需要通过对"服务"国的大量出口维持生产的再循环。二者形成了紧密互补的贸易结构,但贸易失衡也由此不断累积并最终引致了经济危机。然而,"服务"国的过度消费和超前消费是如何形成的,其资金需求从何而来?"制造"国的内需不足和生产相

---

① 文化安全是深层次的国家安全 [N]. http://www.wyzxsx.com/Article/Class4/200712/28385.html.

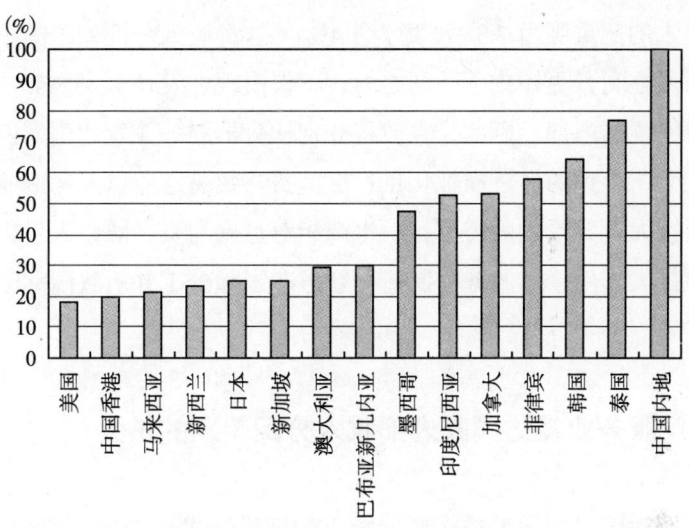

图 6-2 APEC 主要国家视听部门 FDI 限制程度（1996~1998 年）

资料来源：Hardin, A & Holmes, L., Assessing Barriers to Services Sector Investment, In C. Findlay & T. Warren (ed), Impediments to Trade in Services, Measurement and Policy Implications [M]. Routledge, 2000.

对过剩又是如何形成的，其资金去向何在？是什么因素搭建了"服务"国与"制造"国相互依赖紧密互补的贸易结构？

经典国际经济学理论认为，贸易不仅会带来商品价格的均等化，而且还会提高各国密集使用要素的报酬，最终实现要素价格的均等化（Stolper & Samuelson, 1941）。现实国际贸易中，由于这一理论的假设条件得不到保证，理论并不一定与实际相符。如劳动力和土地要素的不可流动（较难流动），而资本要素全球的自由流动，导致资本收益率在全球范围内具有缩小的趋势，而劳动力工资水平的差距却相反越拉越大。伴随全球贸易额的突飞猛进，国际收入分配不均不仅没有得到缓解，反而变本加厉越拉越大。《世界发展报告 2006》指出，19 世纪初，国家间的贫富差别相对较小，但到 20 世纪末，国家间的差别在全球总体不平等中已经占到较大的比例，大多数低收入国家和富裕国家之间的收入差距越来越大。1965~1990 年的 25 年间，20% 最富裕国家占世界总收入的比重由 69.5% 上升到 83.4%，而 20% 最穷国家占世界总收入的比重则由 2.3% 下降为 1.4%。① 这种收入分配差距的扩大不仅表现在国与国之间,更体现于一国之内,不仅出现在发达国家内部,而且也出现在发展中国家内部。因此,本节将分别从分析服务业发达国家内部收入分配差距扩大所导致的经济虚拟化、过度消费与贸易逆差以及制造业国家内部分配差距扩大所导致的内需不足、生产相对过剩与贸易顺差入手,阐释收入分配差距扩大作用于"服务—制造"新形态国际分工并引致国际经济失衡的机制。

(一)服务业发达国家内部收入分配差距的扩大

尽管发达国家主导着整个国际分工的演进,发展中国家往往被"锁定"或被动嵌入到发达国家所主导的全球分工体系的低端环节,分工带来的绝大部分利益被发达国家所攫取。但是在发达国家内部,现代产业与传统产业、高技术产业与低技术产业、资本密集型与劳动密集型产业间劳动的收入仍存在较大的差距,且资本收益高于劳动的收入。经济合作与发展组织 2007 年公布的《就业展望报告》(OECD Employment Outlook 2007)指出,全球化并没有真的在发达国家造成失业,其主要影响是劳工市场的两极化,导致收入差距的扩大。过去 10 年,在有数据的 19 个 OECD 成员国中有 16 个国家的收入差距扩大。此外,职工工资收入占国民收入的比例也从 20 世纪 80 年代开始不断下跌,这意味着工资水平没有跟随生产率的提高而上升,工人并未分享到经济发展的成果。

在主要发达国家中,贫富两极分化最明显的是美国。美国最富裕 10% 的人口的年均收入为 9.3 万美元,为经合组织成员国中最高;但最贫穷 10% 的人口年均收入只有 5800 美元,比经合组织成员国的平均水平大约低 20%。而根据《福布斯》杂志网站对美国近 800 个工种进行薪资排行显示,平均最高工资的是药剂麻醉师,中间价位的年薪高达 184340 美元,在低

---

① 罗伯特·布伦纳. 繁荣与泡沫:全球视野中的美国经济 [M]. 北京:经济科学出版社, 2003.

薪行业中，快餐店工人平均工资每年只有 15230 美元，两者有近 18 倍的差距，而且高薪的 25 个领域雇用着 300 万人，而低薪的 25 个行业则有着 1560 万从业人员。① 另据美国经济政策研究所（Economic Policy Institute）2008 年 4 月发表的研究报告，过去 20 年，美国最富裕的 5% 家庭收入增加了 82607 美元，至 22.07 万美元，增幅为 60%；最富裕的 20% 家庭收入增长了 35027 美元，至 13.21 万美元，增幅为 36%；中间 20% 的家庭收入增加了 5784 美元，至 50434 美元，增幅为 13%；而最贫困的 20% 家庭收入仅增加了 1814 美元，至 18116 美元，增幅为 11%。② 不仅是美国出现了严重的收入分配不均，在其他服务业发达国家同样也存在严重的收入分配失衡现象。表 6-5 显示，英国 10% 最富裕人口与 10% 最贫穷人口收入之比仅次于美国，达到 13.8，其次为澳大利亚和新西兰的 12.5。同样，反映整体收入分配失衡格局的基尼系数也是以美国的 40.8 高居首位，其次为新西兰 36.2 和英国 36.0。

表 6-5　主要服务业发达国家收入分配失衡数据

国家	10%最穷人口	10%最富裕人口	10%最富裕与10%最贫穷之比	基尼系数
澳大利亚	2.0	25.4	12.5	35.2
美国	1.9	29.9	15.9	40.8
意大利	2.3	26.8	11.6	36.0
新西兰	2.2	27.8	12.5	36.2
英国	2.1	28.5	13.8	36.0

资料来源：联合国. 人类发展报告 2009.

（二）服务业发达国家经济的虚拟化、过度需求与贸易逆差

第三章当代国际分工演进历程及特征曾提到，伴随国际分工向"服务—制造"新形态国际分工的演进，率先进入后工业化阶段的发达国家逐步将不

---

① 美国工资排行榜 [N]. http：//psych.qiaogu.com/info_22834/.
② 张捷. 金融危机的根源及其启示——基于政治经济学的视角 [J]. 开放导报，2009（3）.

具备成本比较优势的制造业转移至劳动力充裕价格低廉的发展中国家，其国内经济结构出现了制造业的"空心化"。通过依靠制度环境和人力资本等方面的比较优势，这些国家在发展制度密集型和人力资本密集型的服务业方面具备了较大的比较优势。而且可以避免全球化时代新兴市场国家在制造业上所带来的竞争压力，从而保持较高的利润率。问题在于，服务业的发展能否抵消制造业空心化对其经济带来的不利影响。商业、运输业等传统服务业与制造业联系紧密，在一定意义上属于制造业的产业延伸，在制造业被大量转移到海外的情况下，这类服务业的发展缺少依托。同时，发达国家和发展中国家均存在的较高服务贸易壁垒也使得发达国家的其他服务业，如咨询、电信、影视等服务贸易出口阻碍重重（见表 6-1 和图 6-1、图 6-2），因此也不能成为其经济增长的支柱。而金融（Finance）、保险（Insurance）和房地产业（Real Estate），所谓 FIRE 产业属于相对独立的高端服务业，投资的乘数效应较大，而且可能通过市场投机获得高收益（风险回报）。更重要的是，从全社会的角度看，FIRE 产业的发展可能产生财富效应，进而刺激个人消费和企业投资，从而在一定程度上缓解了发达国家制造业"空心化"所导致的经济增长动力缺失的问题，并带动经济繁荣。如关于服务业发达国家内部收入分配差距扩大的分析，收入的严重两极分化，财富逐步集中到了少数人富人手中，而这些掌握了大部分社会财富的少数富人，其财富的边际消费倾向极低。在制造业利润率下降的背景下，其积累的大量财富需要寻找高收益的投资渠道，FIRE 产业正好可以满足这些游离于实体经济之外的财富的升值需要。

在上述背景下，20 世纪 90 年代以来，以美国为首的发达国家开始大力发展 FIRE 产业。主要措施有：一是各国政府纷纷放松金融监管，1999 年底美国通过了《金融服务现代化法案》（Gramm-Leach-Bliley，GLB），该法案解除了 1933 年《格拉斯—斯蒂格尔法》（Glass-Steagall Act）对金融领域混业经营的限制，准许商业银行、证券公司和保险公司相互从事对方的业务。二是大力推动金融自由化和金融证券化。作为美国债券市场上的最大券种，抵押贷款支持债券（MBS）余额从 2001 年的 4.1 万亿美元增加到 2007 年的

第六章 新形态国际分工导致国际经济失衡的机制

7.4万亿美元,增长近两倍。信用违约互换(CDS)余额在2001年时还不足1万亿美元,远小于债券总额,但到2007年CDS余额已高达62万亿美元,增长了62倍。① 三是长期实行鼓励信贷扩张的宽松货币政策。从2001年初美国联邦基金利率下调50个基点开始,美联储的货币政策开始了从加息转变为减息的周期。经过13次降低利率之后,2003年6月联邦基金利率降低到1%,30年固定按揭贷款利率从2000年底的8.1%下降到2003年的5.85%,一年可调息按揭贷款利率从2001年底的7.0%下降到2003年的3.8%。② 四是商业银行和投资银行降低借贷门槛,创造出各种令人眼花缭乱的衍生工具,肆意放大杠杆效应。在赚钱效应的诱使下,大量"热钱"涌入股市、房市和大宗商品市场,过剩的流动性不断地推高股价、房价、油价等资产价格,在这些市场中吹出了一个又一个的泡沫。如图6-3所示,2000年1月至2006年6月,美国10个城市的房价指数由100上升至226,上涨了1.26倍;美国20个城市的房价指数由100上升至206,上涨了1.06倍。在美国,个人消费(或储蓄)与房地产市场有非常强的相关性(见图6-4),房价上涨得越快(房价变动比率为正),居民的储蓄率就越低。因为美国居民自有住房的比例非常高,而灵活的抵押贷款制度使得美国居民可以很容易地支取他们在房地产上的财富来进行消费,因房地产价格上涨获得的资本利得更被美国居民视为持久性收入,从而对消费的影响非常大。自2000年以来,美国房地产价格上涨了一倍多,这意味着即使美国居民不储蓄,他们的财富也在增加,反过来使得美国居民更加容易通过房产抵押贷款来支取这部分财富,并用贷款来进行消费。而资产投机所产生的财富效应又进一步刺激了消费,因此也促使了美国超前消费甚至过度消费习惯的形成,并需要从中国等制造业发展中国家源源不断地进口大量的生活消费品,并在经常项目账户上对中国形成巨额的贸易赤字。

---

① 宋玉华,叶绮娜. 美国金融监管改革及其面临的挑战[J]. 世界经济研究,2010(3).
② 谢识予. 金融创新的赢者诅咒、资产魔方和金融风暴[J]. 袁志刚. 全球金融风暴与中国经济[C]. 上海:上海人民出版社,2009.

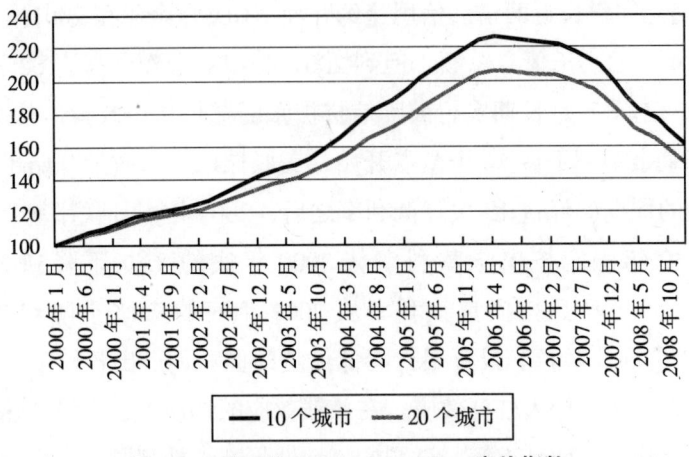

图6-3 美国的 S&P Case Shiller 房价指数

资料来源：张明，付立春.次贷危机的扩散传导机制研究［J］.世界经济，2009（8）.

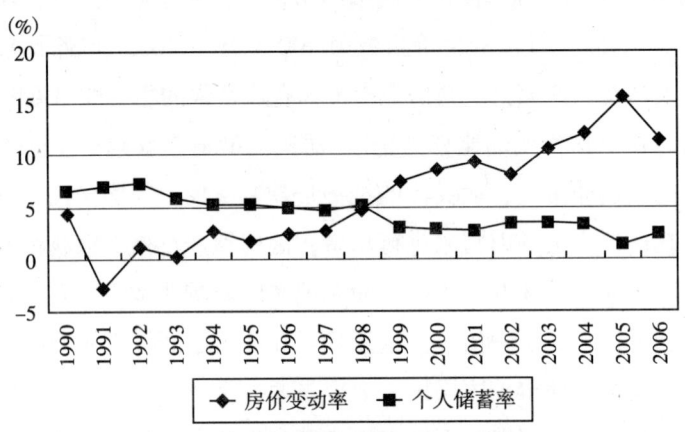

图6-4 美国房价变动率与个人储蓄率

资料来源：房价变动率：The Office of Federal Housing Enterprise Oversight；个人储蓄率：The U.S. Bureau of Economic Analysis。

【**美国经济的金融化、虚拟化与泡沫化**】从1995年1月开始，美国股价开始飙升，在随后的5年里平均每年增速达到23.6%。标准普尔综合指数在2000年8月达到峰值。1994~1999年间，美国公司发行的股票总市值从5.5万亿美元增至17.1万亿美元，而2000年美国的GDP为9.9万亿美元。以标准普尔综合指数计算的股票价格收益率从1994年底的19.9%上升到44.2%。

如果将20%作为股票价格收益率的长期正常比率，那么1994~1999年间证券价值所增加的11.6万亿美元中有大约9.4万亿美元或者说81%可能来自投机性的增加。美国股票价格的泡沫还带来财富效应，增加了居民的消费倾向。私人养老基金持有的公司证券价值从1994年的1万多亿美元增加到1999年的2.2万亿美元，使人们对未来养老基金的支付预期迅速提高，许多人觉得已经没有必要为今后的生活储蓄了。不仅如此，持有证券的家庭还用它们作为抵押，通过银行借贷来增加支出。美国家庭债务从1991年占税后个人收入的78%上升到2000年的91%。

在2000年美国新经济结束后，数以万计的资本从实体经济领域退出。为了给这些过剩资本寻找投资机会，华尔街开发了次级按揭贷款等许多新的衍生金融工具。2001~2005年，美国房地产市场持续繁荣，刺激了次贷的快速发展。2006年，美国次贷总规模已高达6400亿美元，是2001年的5.3倍。不仅如此，围绕次贷还形成了一个金融创新链条：居民向商业银行等房贷机构申请贷款，放贷机构又将贷款卖给房利美、房地美和投资银行等，后者将贷款处理成次级抵押贷款债权，卖给包括商业银行、保险公司、养老金、对冲基金等在内的全球投资者，其间，保险公司如AIG等还为这种次级债权提供担保。于是，整个美国金融市场都被卷入了这一链条之中。据美国财政部估计，2005年美国担保债务凭证（CDO）市场总值为1510亿美元，2006年为3100亿美元，2007年仅第一季度就高达2000亿美元。在此基础上，华尔街的精英们还发明了CDO的平方、立方、N次方等新产品。金融衍生产品的极度膨胀导致美国金融服务业产值占其GDP的近40%。

资料来源：华民，姚大庆.美国金融危机的国际背景：国际货币体系的缺失 [J]. 袁志刚. 全球金融风暴与中国经济 [C]. 上海：上海人民出版社，2009.

（三）制造业发展中国家内部收入分配差距的扩大

广大发展中国家通过参与国际分工，在享受全球化红利的同时，其自身内部也出现了严重的收入分配差距扩大等问题。发展中国家劳动力市场普遍存在严重的分割并被划分为两类就业部门——正规部门和非正规部门。正规部门往往具有较高的工资水平，其就业人员具有较高的素质，以技术型劳动者（Skilled Labor）为主；非正规部门的就业人员素质相对较低，以非技术性劳动者（Unskilled Labor）为主，工资待遇也相对较低。国际分工演进中，随着跨国公司以外商直接投资的形式到发展中国家投资建厂，大量的、低人力资本的剩余劳动力从农村转移了出来，而这些被转移出的劳动力主要集中于非正规部门。较长一段时期内，发展中国家的这种低技术的劳动力近乎无限供给，劳动力工资长期维持在较低水平。同时，外商直接投资的正规部门则具有较高的劳动力进入门槛，以发展中国家稀缺的技术型劳动力为主。而且正规部门往往具有较为完善的工资议价机制，在此部门工作的技术型劳动力能够受到《劳动合同法》等法律的保护，因此这些正规部门的工资水平往往要高于非正规部门数倍。并且外资部门的高工资水平也会传递到非外资的正规就业部门，进而导致整个发展中国家正规部门的高工资水平。当越来越多的国际资本流向发展中国家时，技术和非技术劳动力之间的工资收入差距水平也就越来越大。以中国为例，从20世纪90年代中后期开始，每年流入中国的外资都在500亿美元以上，成为发展中国家吸引外资最多的国家。与此同时，中国的正规就业部门与非正规就业部门之间的劳动力的收入差距也不断地被扩大。根据中国劳动力市场网（http：//www.chinajob.gov.cn）所发布的信息，在外资最集中的广东省，2007年技术类工人的工资，如高级技师的最高工资水平达到26706元/月，平均水平也达到6622元/月，而那些处于普通车间，依靠出卖体力劳动的"农民工"的平均工资水平只有1412元/月。两者工资收入差距达到5~20倍。

外商直接投资主要集中在沿海地区和城市，发展中国家内部的区域之间，尤其是城市与农村之间也出现了收入差距的不断扩大。20世纪80年代中期，我国城乡居民之间的收入差距为1.86倍左右，2004年，城乡居民收入差距扩大到3.2倍左右（见图6-5）。如果把各种福利因素计算在内，我国城乡的实际收入差距在5~6倍（袁志刚，2009）。同时，外资集中的沿海发达地区与内地的收入差距也从1.6倍扩大到2004年的2.8倍。

第六章 新形态国际分工导致国际经济失衡的机制

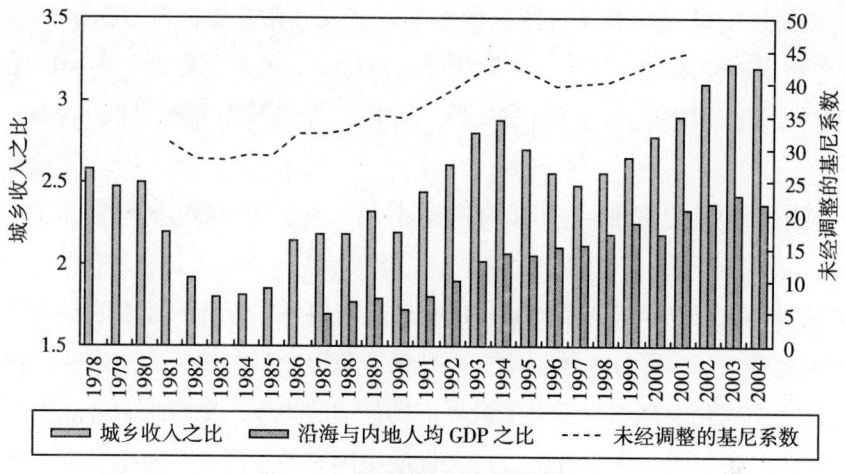

图 6-5 中国的收入不平等情况

资料来源：Huang, Y. and Luo, X., Reshaping Economic Geography: The China Experience, in Y. Huangard A. Magnoli Bocchic (eds). Reshaping Economic Geography in East Asia, Forthcoming, 2008.

在一些由计划经济向市场经济转型的发展中国家，转型过程中各种监管制度的不完善，导致垄断、腐败等非营利性经济活动，加剧了这些国家收入分配差距的扩大。由于垄断能够通过将价格制定在高于产品边际生产成本之上而获得垄断租金和超额垄断利润，垄断部门的工资水平要显著高于非垄断部门。在中国 12 家盈利能力最强的国有公司 2009 年支付给雇员的平均工资为 7 万元，而 2009 年全国城镇职工的平均收入只是 1.84 万元。[①] 国家发展改革委员会公布的收入分配报告也显示，不同行业职工平均工资的增长速度存在较大差距，集中体现在垄断企业上，垄断企业工资可能是全国平均工资的 3~4 倍。[②] 而为获得或保持垄断地位，权力"寻租"行为又会更进一步地恶化这种收入分配格局。

在上述各因素的共同作用下，作为制造业发展中国家的典型，中国的收入分配失衡不断恶化。根据世界银行公布的数据，中国居民收入的基尼系数已由改革开放前的 0.16 上升到目前的 0.48，不仅超过了国际上 0.4 的警戒

[①] http://finance.ifeng.com/news/20100621/2330423.shtml.

[②] http://news.163.com/10/0623/09/69RR3LJK00014AED.html.

线，也超过了世界所有发达国家的水平。在《世界发展报告2006》提供的127个国家近年来收入分配不平等状况的指标中，基尼系数低于中国的国家有94个，高于中国的国家只有29个，其中27个是拉丁美洲和非洲国家。

（四）制造业发展中国家的内需不足、生产相对过剩与贸易顺差

从20世纪80年代开始的第三次全球化将以往实行计划经济或封闭经济的国家都卷入了国际分工体系中，并带来了历史上最大规模的一次全球化浪潮。这次全球化浪潮不仅带来了世界市场范围的扩展，更带来了全球生产能力的扩张。通过参与国际分工，广大发展中国家的过剩劳动力得以进入到国际分工体系之中。通过资本（FDI）与劳动力的结合以及科学技术进步尤其是信息技术革命的推动，制造业发展中国家承接了大量由服务业发达国家所转移出来的制造及制造生产环节。这些新增加的劳动力要素迅速转化为生产力并得到极大的释放，整个世界经济在这一过程中保持了持续较快的增长速度。1991~2000年，世界GDP的年均增长率为3.3%，其中亚洲发展中国家为7.6%（中国为10.4%）；2001~2006年世界GDP的增长率为4.2%，亚洲发展中国家为8.2%（中国为9.8%）。①

但是，在制造业发展中国家内部，一方面由于内部收入不平衡的扩大，人口比重高，规模大，具有较高边际消费倾向的普通劳动者由于收入水平的相对下降，以及社会保障不足，对未来不确定性的增加，导致了整个社会的高储蓄率和低消费现象。另一方面是为了解决就业和吸纳过剩劳动力以及保持经济的稳定增长，经济增长只能通过投资需求拉动，但消费不足又导致投资带来了产能的过剩，大规模生产的制造业产品只能通过廉价出口的方式向服务业发达国家出口，形成了高企的外贸依存度。全球化进程中，伴随着越来越多的发展中国家加入国际分工行列，整个制造业竞争的加剧，使得制造业产品进口国家不断压低价格，价格的下降又被转移至普通劳动者身上，更

---

① 张捷. 金融危机的根源及其启示——基于政治经济学的视角[J]. 开放导报, 2009（3）.

进一步导致了制造业发展中国家内需的萎缩和对外需的严重依赖。整个经济陷入了"内需不足—生产相对过剩—外需依赖"的恶性循环。最终,不断累积的对外出口表现为巨额的贸易顺差。

以中国为例。改革开放以来,凭借丰裕的劳动力和土地、资源等要素价格低廉的优势,借助国际产业转移的浪潮,中国迅速崛起并成为全球低成本制成品的主要生产基地。由于不断恶化的收入分配,加之市场化改革使得传统的社会保障网解体,而新的社会保障体制尚不完善。尤其是20世纪90年代中后期的国有企业改革导致职工的养老、医疗保障弱化,在总的医疗和教育费用中,个人需要承担的份额越来越大(见表6-6)。在越来越多的劳动力从农村流向城市、从中西部流向东部的过程中,流动劳动力的社会保障也没能跟上,流动劳动力也很难享受到工作所在地的社会保障和相关福利(见表6-7)。

表6-6 个人承担的比例

单位:%

年份	医疗费用	教育费用
1965	16	n.a
1980	18	n.a
1991	50	2.3
2001	61	12.5

资料来源:Zhang, X. B. and R. Kanbur, Spatial Inequality in Education and Health Care in China [J]. China Economic Review, 2005, Vol. (16).

表6-7 外来劳动力与本地劳动力的社会保障覆盖率

单位:%

	外来劳动力	本地劳动力
医疗保险	12.4	67.7
养老保险	10.2	74.4
失业保险	0.8	33.3
工伤保险	14.3	25.3
生育保险	31.0	71.8

资料来源:Gao, J., J.C., Qian, B. Eriksson and E. Blas, Health Equity in Transition from Planned to Market Economy in China, Health Policy Planning, 2002, Vol. (17).

因此，中国整个居民的谨慎性储蓄倾向非常高（见表6-8），内需不足问题十分严重，经济增长严重依赖投资和出口。沈利生（2009）利用相应的投入产出模型测算了投资、消费、出口"三驾马车"对中国经济的拉动作用，其中2003年以来，在每年的GDP增量中，由消费拉动的增加值增量所作的贡献最低，只有20%多，消费占GDP的比重从2000年的46.4%骤降为2005年的38%；投资拉动的增加值增量所作的贡献保持在30%左右，出口拉动的增加值增量所作的贡献最大，达45%左右。2007年的净出口高达2622亿美元，相当于当年GDP总量的8%。这种长期"高储蓄、高投资、低消费"所形成的过剩产能最终形成了中国持续增长的贸易顺差。

表6-8 世界各国储蓄率比较

单位：%

国家	1960~1969年	1970~1979年	1980~1989年	1990~1999年	2000~2005年
中国	—	30.5	34.7	40.9	41.1
美国	19.9	19.6	17.8	17.0	15.4
日本	35.3	35.6	31.8	30.7	26.9
欧盟	12.9	24.8	24.1	22.6	22.4
东亚	—	27.8	31.6	36.4	35.8
世界平均	24.5	25.3	23.4	23.1	21.6

资料来源：杨一博.中美储蓄特征及其影响研究[J].长春大学学报，2009（3）.

三、新形态国际分工结构下国际货币体系的内在缺陷

新形态国际分工引致国际经济失衡，以美元为霸权的国际货币体系难辞其咎，国际货币体系的内在缺陷是"服务—制造"新形态国际分工引致失衡的制度供给。封闭经济条件下，一国的生产与消费总是平衡的。然而，开放经济条件下，服务贸易与货物贸易开放的不对称，并不等于美国等"服务"

第六章 新形态国际分工导致国际经济失衡的机制

国找不到暂时用来平衡贸易的方法。这个方法就是作为国际储备资产的美元霸权和美国发达的金融市场。按照克鲁格曼（2004）的说法，通过金融市场交易实现的国际借贷属于一种"跨时比较优势"，它也是国际分工的一种基础。出于资本的逐利本性，无论中国和东亚赚取的"商品美元"还是产油国赚取的"石油美元"，最终都得回流到美国去保值增值，这就暂时填补了美国的储蓄缺口，为美国的债务提供了借贷来源。如此一来，美国借助美元和华尔街的"跨时比较优势"，仍然把中国、东亚和产油国强拉进了服务经济与制造经济之间的产业间分工新游戏之中。

自1973年布雷顿森林体系解体以来，各国经过谈判协商于1976年签订了《牙买加协议》，国际货币体系进入了黄金非货币化、美元与黄金脱钩、储备货币和汇率制度多样化的"牙买加体系"，并持续至今。这一体系下，美元霸权并没有随着布雷顿森林体系的瓦解而终结。

一是黄金非货币化，美元与黄金脱钩，法律上认可了美元是不可兑现货币的地位。从表面上看，美元不再等同于黄金，似乎是美元地位的下降。实际上，美元取代了黄金在国际货币体系中的位置，摆脱了黄金储备对发行美元纸币的束缚，美元直接成为世界财富的代表，这是美元地位的上升，美元具有了超越各国法律之上的霸权地位。而这种仅仅依靠美国国家信誉担保就能发行的货币制度，正是当前国际货币体系所忽视的最大特征，也是造成当前美元流动性过剩的最根本的原因。

二是美元仍然是当今贸易结算、国际储备的最重要的货币。全球有近80%的外汇交易是用美元进行，一半的出口是用美元计价结算，并且美元在各国官方储备中占据了60%以上的比例，大豆、小麦、石油、铁矿石等进出口以及期货交易都几乎是以美元结算。21世纪以来，尽管日元、欧元的国际地位有所上升，都可以发挥世界货币的作用，但与美元的地位仍不可同日而语。所以，当今世界经济依然被深度陷入对美元发行的依赖之中。

三是美国政府可以不像其他国家一样需要承担维持汇率稳定的责任，可以自主地选择本国经济发展所需要的财政和货币政策。布雷顿森林体系下，美元需要维持与黄金兑换比例的稳定，而在牙买加体系下，对美元的这种维持其汇率稳定的要求已被解除。因此,即使是在美国外债不断增加,美国政府依然可以实施低利率的货币政策。

四是美国政府可以通过当前的国际货币体系来转嫁经济危机以及调整经济失衡的负担。因此,此次金融危机爆发之后,世界其他国家(如欧洲的一些国家)的经济衰退以及经济危机程度要远大于金融危机的发源地美国。正是上述国际货币体系的内在缺陷给美国政府创造了无限的金融政策空间,并创造出新的"国际收支平衡"理论。因此,当作为"服务"国处于逆差地位时,美国却可以借助这种在金融领域独一无二的霸权,通过印制美元纸币虚拟的金融资产换取"制造"国真实的产品和自然资源,并通过高效的金融市场的集聚效应使得这些美元回流美国,为美国政府和企业提供廉价的低息借款,同时也加剧了美国整体经济的虚拟化和泡沫化,为其消费者的过度消费、超前消费提供了资金保证,可以在较长时期内维持这种贸易的"平衡"。

四、本章小结

本章旨在分析"服务—制造"新形态分工对国际经济失衡的影响机制。从最直观的原因看,服务贸易和货物贸易开放的非对称性,表现为服务贸易自由化谈判的非对称性和自由化程度的非对称性(这些不对称在很大程度上根源于制造品和服务品在可贸易性上的不对称),导致了具有服务贸易比较优势的"服务"国无法像具有货物贸易比较优势的"制造"国一样通过服务品出口来平衡其贸易逆差。从需求和供给的角度看,制造业"空心化"和经济增长的需要促使服务业发达国家将国内经济增长点集中于 FIRE 产业,而其国内收入分配不均的加剧,更加引发了对 FIRE 产业需求的增强并导致其国内经济的虚拟化和泡沫化,并通过财富效应加剧了过度消费和超前消费,进而需要从制造业发展中国家进口大量的生活消费品和工业制成品。制造业发展中国家全面融入全球化,生产力得到极大释放,但收入分配不均的加剧却导致其国内有效需求的不足和生产相对过剩,高投资所带来的过剩产品只能依靠出口解决,而出口市场的激烈竞争又会压低出口产品价格,并进一步恶化制造业发展中国家的收入分配和内需不足,整个经济陷入"内需不足—生产相对过剩—外需依赖"的恶性循环。从制度层面看,当前国际货币体系下的内在缺陷,尤其是美元独一无二的霸权地位,是为美国提供金融融资,通过虚拟金融资产换取制造业国家真实资源,并加剧其经济虚拟化、泡沫化,促使其过度消费、超前消费的制度保证。

第七章 新形态国际分工对国际经济失衡的影响：基于跨国截面和中美贸易数据的实证

"服务—制造"新形态国际分工究竟在多大程度上影响着国际经济失衡？是否是引致此次百年一遇经济危机的主要原因？中美贸易失衡是汇率还是新形态国际分工导致的结果？这些都需要通过实证检验加以证明，这也是本章实证研究的目的所在。本章主要包括以下三部分：一是基于跨国截面数据的实证检验。采用服务贸易出口 RCA 作为新形态国际分工的度量指标，以 2005 年各国（地区）经常项目失衡数据为样本，借以检验"服务—制造"新形态国际分工是否是导致全球范围内贸易失衡的主要原因。二是基于美国贸易赤字的实证检验。美国拥有全球最大的贸易赤字规模，且居于"服务—制造"新形态国际分工的"服务"一方，是典型的服务贸易出口强国。本章分别采用美国服务业与制造业增加值的比值——服务业/制造业，金融服务业与制造业增加值的比值——金融业/制造业，以及美国所吸引外商直接投资占国民生产总值的比值——FDI/GDP 等作为度量美国参与新形态国际分工的度量指标，通过选取 1988~2006 年美国相关时间序列数据为样本，以此检验"服务—制造"新形态国际分工对美国贸易赤字的影响。同时，基于数据的可得性，通过散点图分析"服务—制造"新形态国际分工对拥有全球最大贸易盈余规模，且居于"制造"一方的中国贸易盈余的影响。三是基于中美贸易时间序列数据的实证检验。中美两国之间的分工最具"服务—制造"分工的特征，二者之间形成了紧密互补的贸易结构，也是彼此间贸易失衡最为严重的国家。同样采用美国服务业/制造业、金融业/制造业、FDI/GDP 等作为中美之间"服务—制造"新形态国际分工的度量指标,以中美之间1999~2006年贸易时间序列数据为样本,分别检验了"服务—制造"新形态国际分工对中美两国间贸易失衡的影响。

一、新形态分工对国际经济失衡的影响:基于跨国截面数据的实证

(一) 模型、变量的选取及数据说明

这里,实证检验的变量主要包括被解释变量——国际经济失衡变量,解释变量——"服务—制造"新形态国际分工,以及考虑其他遗漏因素可能带来的偏误所加入的相关控制变量。因此,实证检验的基本模型设置如下:

$$Current\ Account = \alpha + \beta_1 RCA_i + \beta_2 X + \varepsilon_i \qquad (7-1)$$

式中,i表示不同国家和地区;α为常数项;β_1为待估参数系数向量;β_2为待估的控制变量系数向量;ε_i为模型的残差误差向量。Current Account 为被解释变量国际经济失衡变量,以各国(地区)经常项目净出口余额占GDP百分比表示;RCA_i为解释变量"服务—制造"新形态国际分工,这里依然采用各国(地区)服务贸易出口显示性比较优势指数表示。第二章文献综述部分曾提到各类关于国际经济失衡解释观点的争论,理论分析上,这些解释观点都可能成为导致国际经济失衡的原因。因此,模型(7-1)中的控制变量X主要包括了以下相关变量:

(1) 经济增长率(Growth),以GDP年增长率表示。一般认为,经济增长越快,居民会提高对未来收入的预期,并导致包括对国内和国外商品消费需求的增长,因而需要从国外进口更多的商品。Henriksen(2005)和Cooper(2008)就认为较高的经济增长率会刺激国内支出,从而导致经常账户赤字。

同时，经济增长越快，意味着产品供给增加并可能导致出口增加，从而导致经常账户顺差。因此，经济增长率对经常项目净出口余额的影响取决于两种力量相互作用的结果。

（2）人口抚养比例（Age），以老年人口占工作人口的百分比表示。较高的人口抚养比例会刺激国内支出，从而导致经常项目账户赤字。

（3）政府储蓄率（Government Saving），以政府财政收入减去财政支出占GDP的百分比表示。

（4）居民储蓄率（Personal Saving），以居民净储蓄额占GNI的百分比表示。根据恒等式 X－M＝S－I，在投资 I 保持不变的条件下，储蓄 S（包括政府储蓄和居民储蓄）的提高，则经常项目净出口额（X－M）就会提高。

（5）各国（地区）所属洲（Continent）的虚拟变量，其分类方法与第五章相同。主要包括非洲（Africa）、亚洲（Asia）、欧洲（Europe）、拉丁美洲（Latin America）、北美洲（North America）以及大洋洲（Oceania）6 大洲。

（6）汇率低估程度（Exchange Devalue）。由于采用的是跨国截面数据，因此以各国（地区）汇率的相对低估程度来反映汇率对国际经济失衡的影响。其计算方法采用 Rodrik（2008）的计算方法，如下：

第一步，利用汇率（XRAT）和购买力平价转换系数（PPP）计算出真实的汇率（RER）：

$$\ln RER_{it} = \ln(XRAT_{it}/PPP_{it}) \tag{7-2}$$

式中，i 表示国家；t 代表时间段（时间段长度设置为 5 年）；XRAT 和 PPP 是用单位美元的国家货币表示。当 RER 大于 1 时，意味着货币的价值比购买力平价表示的要低；反之，RER 小于 1 时，意味着货币的价值比购买力平价表示的要高。现实中，由于穷国的非贸易品价格比富国非贸易品价格要低（Balass-Samuelson 定理）。因此，需要对通过公式（7-2）计算的 RER 进行适当调整。

第二步，通过 RER 对人均 GDP（RGDPCH）回归计算出 Balass-Samuelson 效应的大小：

$$\ln RER_{it} = \alpha + \beta \ln RGDPCH_{it} + f_t + \mu_{it} \tag{7-3}$$

式中，f_t 表示时间固定效应；μ_{it} 为误差项。

第三步，通过实际汇率与 Balassa-Samuelson 调整汇率的差即可估算出汇率低估程度：

$$\ln \text{UNDERVAL} = \ln \text{RER}_{it} - \ln \hat{\text{RER}}_{it} \tag{7-4}$$

式中，$\ln \hat{\text{RER}}_{it}$ 为式（7-3）的预测值。

通过这种方式的调整之后，UNDERVAL 就可以用来跨国比较了。当 UNDERVAL 超过 1 时，意味着该国汇率的设置使得国内商品生产更便宜，货币存在低估；当 UNDERVAL 低于 1 时，意味着货币被高估。为得出 2005 年各国汇率的低估程度，根据 Rodrik（2008）的上述计算方法，本书选取了 2001~2005 年共 5 年的数据估算了 2005 年各国汇率的低估程度，各变量数据的来源可参见附录（一）中的具体说明。

以"服务—制造"新形态国际分工特征较为明显的 2005 年跨国截面数据作为样本，在尽可能获取更多数据的情况下，这里共收集了 94 个国家（地区）的相关变量数据，其描述性统计如表 7-1 所示。

表 7-1 94 个国家（地区）各相关变量的描述性统计

变量名	全部样本国家（地区）				
	样本数	均值	标准差	最大值	最小值
Current Account	94	−1.462	9.887	37.323	−36.413
RCA	94	1.347	0.880	4.041	0.118
Growth	94	5.016	3.165	13.900	−4.626
Age	94	14.100	7.513	29.698	2.366
Government Saving	94	−0.619	4.163	15.213	−12.113
Personal Saving	94	11.014	14.724	46.022	−87.682
Exchange Devalue	94	−0.114	0.400	1.323	−0.687

（二）跨国截面数据实证检验的结果及分析

为更清楚地观测到新形态国际分工对国际经济失衡的影响，考虑到各控制变量可能对模型计量结果稳健性带来的影响，这里依然采用逐一添加控制

第七章 新形态国际分工对国际经济失衡的影响：基于跨国截面和中美贸易数据的实证

变量的 OLS 方法来进行估计，结果如表 7-2 中方程（1）~(7) 所示。

表 7-2 "服务—制造"分工与经常目净出口占 GDP 百分比计量结果

	(1)	(2)	(3)	(4)	(5)	(6)	(7)
c	−0.907 (−0.958)	−6.095* (−2.711)	−7.229* (−2.762)	−7.381 (−0.561)	−8.991 (−0.865)	−11.400 (−1.125)	−13.100 (1.320)
RCA	−5.235** (−2.573)	−4.924** (−2.353)	−4.572** (−2.441)	−4.577** (−2.438)	−2.855*** (−1.695)	−3.018** (−2.056)	−3.107** (−2.121)
Growth			0.383 (0.822)	0.384 (0.803)	−0.057 (−0.155)	−0.068 (−0.173)	0.056 (0.136)
Age				0.058 (0.012)	1.083 (0.282)	1.528 (0.418)	1.763 (0.495)
Government Saving					1.206* (4.436)	0.951* (3.516)	0.913* (3.361)
Personal Saving						0.228*** (1.715)	0.235*** (1.690)
Exchange Devalue							−2.323 (−1.070)
Continent		Yes	Yes	Yes	Yes	Yes	Yes
D.W	1.918	1.944	1.987	1.987	2.117	2.069	2.026
R^2	0.114	0.177	0.190	0.190	0.405	0.487	0.493
样本数量	94	94	94	94	94	94	94

注：括号内为异方差稳健性 t 统计量；* 表示在 1%水平上显著；** 表示在 5%水平上显著；*** 表示在 10%水平上显著。其中 RCA、Age 为取对数值。

(1)~(7) 各方程的回归结果均显示，以服务贸易出口显示性比较优势度量的"服务—制造"新形态国际分工（RCA）对经常项目净出口余额（顺差）占 GDP 的百分比（Current Account）具有显著的、负的影响（均在95%的水平上显著），且影响系数也较大。其中，方程（1）中其影响系数达到−5.235，方程（5）中的最小影响系数也达到−2.855。即使是加入了所有控制变量，RCA 的影响系数依然保持在−3.107，说明"服务—制造"新形态国际分工对经常项目净出口余额占 GDP 百分比影响的稳定性。而且相对其他各控制变量，RCA 的影响系数也是最大、最显著的，说明"服务—制造"新形态国际分工正是造成国际经济失衡的重要原因之一。

从各控制变量的系数符号和显著性看，经济增长对经常项目净出口余额占GDP百分比的影响并不显著且不确定。一方面，经济增长较快意味着该国出口可能会增加，与Current Account具有正相关关系（对于我国就属于此种情形）；另一方面，较快的经济增长，消费者对未来预期收入的提高会导致对进口需求的增加，此种情形下Growth与Current Account则具有负相关关系（对于美国可能就属于此种情形，这点将在本章的以下部分以美国贸易赤字为检验对象的计量结果中反映出来）。因此，94个样本国家的Growth对Current Account的影响不显著且不确定也就属于正常情况。

人口抚养比例对Current Account具有正的影响，即老年人口占工作人口比重的增加会导致经常净出口余额占GDP百分比的增加。这与Henriksen（2005）、Cooper（2008）等人所认为的人口抚养比例增加会刺激国内支出增加，进而导致贸易赤字截然相反。因为较高的人口抚养比重也可能会使人们的预防性储蓄增加而消费减少，进而进口需求会减少。但回归方程显示这种影响并不显著，也证实了第二章文献综述中曾给出的人口抚养比例并不能成为国际经济失衡主要原因的看法。

政府储蓄率和居民净储蓄率对经常项目净出口余额占GDP的百分比均具有显著正的影响。这意味着政府储蓄率和居民净储蓄率的增加会提高经常项目进出口余额占GDP的百分比。这与现实情况基本一致，具有较高储蓄率（政府储蓄率和居民储蓄率）的国家往往具有经常项目顺差，而储蓄率较低的国家则经常项目多出现逆差。但从影响系数的绝对值看，它们的影响系数均要小于"服务—制造"新形态国际分工（RCA），更进一步说明了对此次国际经济失衡而言，"服务—制造"新形态国际分工才是最主要的原因。

汇率低估对经常项目净出口余额占GDP的百分比具有负相关关系，但没有通过显著性检验。汇率作为两种货币之间的相对价格，其低估势必会影响到国际收支。但是作为一种价格调整方式，由汇率低估所带来的国际经济失衡是可以在短期内由价格调整而弥补的。正如第一章导言所分析，此次国际经济失衡表现为长期的、结构性失衡的特征，因此汇率的影响不显著也就自在情理之中，也再次说明了此次国际经济失衡并非西方国家所鼓吹的汇率操纵等问题。

第七章 新形态国际分工对国际经济失衡的影响：基于跨国截面和中美贸易数据的实证

二、中美贸易时间系列数据的检验

上述以 2005 年跨国截面数据实证检验了"服务—制造"新形态国际分工对国际经济失衡的影响，并证实了相对其他影响因素，如经济增长、人口抚养比例、政府和居民储蓄率以及汇率低估等，"服务—制造"新形态国际分工的影响最为显著，而且影响系数大于其他所有因素。为验证上述实证结果的稳健性，下面将分别以此次国际经济失衡中"服务—制造"分工特征最为突出，贸易失衡额度最大的美国和中国，以及二者之间的数据为对象作进一步的实证检验。

（一）美国贸易失衡数据的检验

国际经济失衡中，美国拥有全球最大的贸易赤字规模，且在"服务—制造"新形态分工中居于分工的"服务"一方，是典型的服务贸易出口大国。以美国作为研究对象能够较好地反映出新形态国际分工对"服务"国贸易失衡的影响。根据美国经济失衡情况以及时间序列分析对样本年限的要求，这里选取了美国 1988~2006 年共 19 年的相关数据进行实证检验。实证模型的设置与模型式（7-1）基本一样，主要是将相关变量的跨国截面数据变为美国 1988~2006 年的时间序列数据，还有就是根据美国在"服务—制造"新形态国际分工的表现，及其经济结构演进的特点，这里对新形态国际分工的度量指标作了相应调整。

其中，被解释变量 Current Account 以美国 1988~2006 年的经常项目进出口余额占 GDP 的百分比表示。1988~2006 年，美国基本一直处于国际贸易收支的逆差位置，这期间仅仅在 1991 年出现过唯一的一次顺差，而且从 1992 年开始美国的经常项目账户就一直处于加速失衡的状态，贸易赤字规模占

GDP的百分比从1992年的-0.8%增加到2006年的-6.1%，扩大了7倍之多，赤字的绝对规模更是由1992年的516亿美元增加到2006年的8035亿美元，整整扩大了15倍之多。

第四章分析新形态国际分工形成的动因（基础）时曾指出，产业结构演进的差异是"服务—制造"新形态国际分工形成的动因（基础）之一。在美国的产业结构演进历程中，伴随收入水平的提高，劳动力工资水平的上涨，美国在发展一般制造业上已不再具有比较优势。加之美国自由、独立、英雄、张扬，崇尚独立性和多元化的移民文化特别适应知识经济时代服务业发展的要求，通过不断地"去制造业化"，其服务业和服务贸易在国民经济中比重逐步提高并占有举足轻重的地位。2006年美国服务贸易出口占其总贸易出口额的27.2%，占全球服务出口的14.3%，服务贸易顺差达到797.49亿美元。因此，美国的产业结构与其日益专业化于"服务"出口是完全一致的。这里以美国1988~2006年服务业与制造业增加值的比值（Service to Manufacure，SM），即产业结构比值作为"服务—制造"新形态国际分工的度量指标。

控制变量方面，主要包括了1988~2006年美国各年的经济增长率（Growth）、居民储蓄率（Personal Saving）、政府储蓄率（Government Saving），以及美元汇率指数（Exchange Rate）。鉴于美元作为国际结算货币和计价货币的地位，美国对外贸易不存在美元汇率低估（高估）的问题。这里以美元真实有效汇率指数（2000年为100）来反映美元汇率的变动对其经常项目净出口余额占GDP百分比的影响。鉴于表7-2回归结果显示人口抚养比例对经常项目进出口余额占GDP百分比的影响并不显著，况且美国的人口抚养比例多年来一直维持在18%左右，人口结构没有出现太大的变动。因此，在实证检验中，控制变量也就没必要加入人口抚养比例，相关变量的数据来源可参见附录一中的具体说明。

在对时间序列数据进行计量回归之前，必须检验时间序列数据的平稳性，只有同阶平稳的数据才可能同时进行计量回归分析。这里对所涉及的美国相关时间序列数据进行了ADF单位根检验，结果见表7-3。

第七章 新形态国际分工对国际经济失衡的影响：基于跨国截面和中美贸易数据的实证

表7-3 各变量的单位根检验

变量	ADF值	检验类型 (c, t, n)	临界值 1%	5%	10%	结论
Current Account	3.924	(0, 0, 3)	−2.728	−1.966	−1.605	不平稳
ΔCurrent Account	−3.052	(0, 0, 0)	−2.708	−1.963	−1.606	平稳
Growth	−1.201	(0, 0, 0)	−2.700	−1.961	−1.607	不平稳
ΔGrowth	−5.012	(0, 0, 0)	−2.708	−1.963	−1.606	平稳
Government Saving	−2.000	(0, 0, 1)	−2.708	−1.963	−1.606	不平稳
ΔGovernment Saving	−2.914	(0, 0, 1)	−2.718	−1.964	−1.606	平稳
Personal Saving	−1.521	(0, 0, 0)	−2.700	−1.961	−1.607	不平稳
ΔPersonal Saving	−4.697	(0, 0, 0)	−2.708	−1.963	−1.606	平稳
Exchange rate	0.511	(c, 0, 1)	−2.700	−1.961	−1.607	不平稳
ΔExchange rate	−2.778	(0, 0, 0)	−2.708	−1.963	−1.606	平稳
SM	4.162	(0, 0, 0)	−2.700	−1.961	−1.607	不平稳
ΔSM	−2.006	(0, 0, 0)	−2.708	−1.963	−1.606	平稳
FM	0.288	(c, 0, 0)	−3.857	−3.040	−2.661	不平稳
ΔFM	−3.219	(c, 0, 0)	−3.887	−3.052	−2.667	平稳
FDI/GDP	2.548	(0, 0, 0)	−2.700	−1.961	−1.607	不平稳
ΔFDI/GDP	−2.084	(0, 0, 0)	−2.708	−1.963	−1.606	平稳

注：检验类型中，c与t表示带有截距项、时间趋势，n表示滞后期，根据SIC选择滞后阶数。

ADF单位根检验结果显示，各变量原始数据不平稳，但经过一阶差分之后的数据平稳，因此可以确定这些变量均为一阶单整平稳序列，满足时间序列数据计量回归的前提条件，方程中的变量之间存在着长期稳定的关系。因此，可以用这些变量的时间序列数据实证检验"服务—制造"新形态国际分工对贸易失衡的影响。

大多数经济时间序列都存在自相关，较高的自相关则可能导致有偏的最小二乘估计系数，或不再具有最小方差等，因此需要考虑这种自相关带来的伪回归。通过预回归，发现各回归方程的D.W值偏离2较远，如仅利用SM与Current Account回归D.W的只有0.786，说明模型中这些时间序列数据的确存在较严重的自相关问题。为尽可能地剔除自相关对检验结果带来的影响，这里采用杜宾两步法（Durbin-Watson）克服模型中时间序列数据存在的自相关问题。实证结果如表7-4中方程（1）~（5）所示。

表7-4中方程（1）~（5）结果均显示，美国服务业与制造业增加值的比值（SM）的确对其经常项目净出口余额占GDP的百分比具有非常显著的影响。方程（1）结果显示，"服务—制造"新形态国际分工能够解释美国贸易赤字的61.3%，且影响系数达到-2.656。即使是逐一加入了其他控制变量，各方程的影响系数均保持在-2.0以上（99%以上的水平显著）。这意味着伴随着美国向以服务经济为主的产业结构演进，服务经济在其国民经济中所占比重越高，其经常项目的失衡就越严重。说明美国自身产业结构变化才是导致其国际收支失衡的根本原因。

从各控制变量的显著性和系数看，美国的经济增长率与经常项目净出口占GDP百分比之间呈显著的负相关关系。对美国而言，其经济增长率越高，消费者对未来经济发展前景的看好，会刺激国内消费支出，需要从国外进口更多的消费制造品。但在服务贸易自由化程度不高，其高科技制造品出口受严格管制的情形下，尽管美国具有较强的服务贸易比较优势，但其贸易出口额并没有伴随经济的增长而扩大。因此两种力量相互作用的最终结果体现为Growth与Current Account的负相关关系。

以美元实际有效汇率指数表示的汇率波动以及美国政府储蓄率并没有对其贸易失衡带来显著的影响，这与第二章相关文献综述是一致的。美国经济规模全球第一，居民消费在其消费总额中占有绝对比重，而政府消费所占比重较小，因此政府的储蓄率或财政赤字对其贸易收支所产生的影响往往有限。汇率指数波动的影响不显著，再次论证了汇率不可能成为长期结构性失衡的主要影响因素。

个人储蓄率与经常项目净出口余额占GDP百分比具有显著的正相关关系，这与美国的现实极为一致。正如第六章所作的分析，美国居民的超前消费、过度消费乃至借债消费所形成的"低储蓄、高消费"行为导致了美国需要从国外源源不断地进口大量消费制造品，进而导致了高企的贸易赤字。

众多学者，如姚洋（2009）、罗长远（2009）、祝丹涛（2007）等人指出，美国服务贸易比较优势更多地体现在其金融服务业上，金融服务业在美国国民经济中占有重要的地位。2007年，美国的金融业（包括金融、保险、房地产、租赁、租借等）占 GDP 的比重达到 20.7%，金融就业人数达到 1048 万人。恰如第六章新形态国际分工影响国际经济失衡的机制中所分析的，美国正是主要依靠高效的金融效率和独一无二的美元霸权地位，通过金融"跨时比较优势"在全球范围内配置资源，并通过提供虚拟的金融产品换取制造业国家的自然资源和制成品。因此，这里再以美国金融服务业与制造业增加值的比值（FM）作为"服务—制造"新形态国际分工的测度指标，并以此检验其对美国贸易失衡的影响，同时也可以更清楚地说明美国服务贸易比较优势的关键所在。相关实证结果如表 7-4 中方程 (6)~(10) 所示。

整体上，表 7-4 中方程 (6)~(10) 的实证的结果与方程 (1)~(5) 并没有什么太大区别，各变量在显著性以及符号上都保持了一致。唯一的区别就是，金融业/制造业比值（FM）的影响系数要明显大于服务业/制造业（SM），前者是后者的 3 倍左右，这符合上述理论预期。美国服务业中占据最大比重的是金融服务，而且其服务贸易出口比较优势的关键依托也体现在金融服务上。于是，便会出现金融业/制造业（FM）的影响系数大于服务业/制造业（SM）的影响系数。

资本的跨国流动尤其是外商直接投资（FDI）对国际分工的演进发挥了积极的、不可忽视的作用。经验事实表明，如果一国某一产业发展的比较优势越强，借助规模经济效应和聚集效应，该国所吸引的外商直接投资也主要集中于该产业。例如，中国在加工制造业上具有较为明显的比较优势，中国所吸引的 FDI 也主要投向了加工制造业，国际贸易中并以加工贸易为主。对美国而言，由于美国在服务业发展上所具有的较为明显的比较优势，因此，投资于美国的 FDI 也基本是集中于服务业，尤其是金融服务领域。从 2005 年美国各产业 FDI 投资头寸看，服务业所吸收的 FDI 占据的比例最大，达到 66%（见图 7-1）。其中金融服务方面（包括银行储蓄以及除银行储蓄之外的金融服务）FDI 头寸达到 344807 万美元，位列所有产业的首位（见表 7-5）。

表 7-4 "服务—制造"分工对美国国际收支影响的计量结果

被解释变量	美国经常项目/GDP														
	(1)	(2)	(3)	(4)	(5)	(6)	(7)	(8)	(9)	(10)	(11)	(12)	(13)	(14)	(15)
c	8.830* (3.639)	10.161* (4.049)	12.364* (3.515)	8.438*** (2.065)	8.408*** (2.063)	7.442* (3.787)	8.942* (4.485)	11.765* (3.304)	8.007*** (2.011)	7.821* (2.017)	3.306* (3.106)	4.404* (3.809)	0.315 (0.252)	-0.457 (-0.328)	0.675 (0.504)
经济增长率		-0.295* (-3.026)	-0.316* (-3.026)	-0.303* (-3.350)	-0.278** (-2.998)		-0.319* (-3.291)	-0.344** (-3.378)	-0.323** (-3.485)	-0.295** (-3.152)		-0.304* (-3.880)	-0.250* (-2.956)	-0.226** (-2.585)	-0.289* (-3.561)
有效汇率			-0.026 (-0.654)	-0.026 (-0.746)	-0.009 (-0.236)			-0.032 (-0.868)	-0.030 (-0.902)	-0.012 (-0.323)			0.043 (1.520)	0.043 (1.533)	0.016 (0.574)
个人储蓄				0.331** (2.412)	0.226 (1.371)				0.297*** (2.067)	0.173 (0.973)				0.150 (1.010)	0.252*** (1.831)
政府净储蓄					-0.135 (-1.124)					-0.142 (-1.156)					0.154*** (2.034)
服务/制造业	-2.656* (-5.035)	-2.753* (-5.232)	-2.650* (-4.717)	-2.093* (-3.820)	-2.429* (-3.887)										
金融/制造业						-7.629* (-5.487)	-8.030* (-5.964)	-7.673* (-5.360)	-6.028* (-3.916)	-7.109* (-4.050)					
FDI/GDP											-6.386* (-6.389)	-6.571* (-6.639)	-7.373* (-10.259)	-6.548* (-5.894)	-6.045* (-6.003)
D.W	1.859	1.676	1.685	2.593	2.581	1.906	1.742	1.729	2.499	2.456	1.874	1.835	1.907	1.841	2.134
R^2	0.613	0.686	0.692	0.778	0.795	0.653	0.732	0.741	0.797	0.825	0.718	0.778	0.920	0.930	0.941

注:括号内为异方差稳健性 t 统计量;* 表示在 1% 水平上显著;** 表示在 5% 水平上显著;*** 表示在 10% 水平上显著。各结果均已通过杜宾-瓦特森法(Durbin-Watson)克服了模型中时间序列数据存在的自相关问题。

第七章 新形态国际分工对国际经济失衡的影响：基于跨国截面和中美贸易数据的实证

表 7-5 2005 年美国各产业 FDI 投资头寸情况

单位：万美元

产业	所有产业	制造业	批发贸易	零售贸易	信息	银行储蓄账户	除银行储蓄外的金融	房地产和租赁业	专业和科学技术服务	其他产业	
										农牧渔业等	矿产业
金额	1634121	499851	235508	30934	102584	130184	214623	37341	51546	2458	53100

资料来源：美国经济分析局（BEA）。

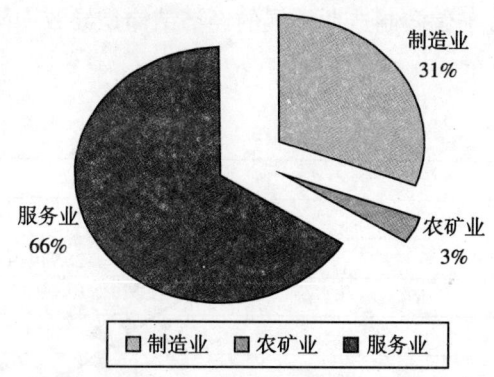

图 7-1 美国三大产业 FDI 投资头寸分布比例

资料来源：根据表 7-5 绘制得到。

因此，FDI 的这种"马太效应"必然会强化美国在服务业方面的比较优势，促进其经济结构更进一步向服务化演进，进而影响到美国的贸易失衡。为验证这一结论，这里将投资于美国的 FDI 与 GDP 的比值（FDI/GDP）作为解释变量代入模型进行了实证检验，结果见表 7-4 中方程（11）~（15）。与分析预期的一致，FDI/GDP 与美国的贸易失衡有着显著负相关关系，影响系数在 -6.0 以上（99%以上水平显著）。其他控制变量与方程（1）~（10）没有太大区别，说明美国在服务业发展上的优势吸引了更多 FDI 投资于服务业，使得其在服务贸易方面的比较优势更为突出，这也是导致其贸易赤字不断恶化的原因。

与美国情形相反，中国具有全球最大的贸易顺差规模，且在"服务—制造"新形态国际分工中处于"制造"方的位置。因此，以中国作为研究对象也能够较好地反映出"服务—制造"新形态国际分工对"制造"国贸易失衡的影响。囿于获取满足时间序列分析所要求的相关数据的困难,难以做出类似于对美国的实证分析,这里仅利用中国 1988~2006 年经常项目净出口余额占 GDP 的百分比与中国服务贸易出口 RCA 所作的散点图来进行分析。图 7-2 显示,中国服务贸易出口显示比较优势指数(RCA)与经常项目余额/GDP 呈现较高的负相关关系,并具有较高的拟合度。这意味着中国在制造业上的优势越明显,即服务贸易出口 RCA 值越小,中国的贸易顺差就会越大。作为"制造"方,过于偏向制造业发展的经济结构是导致中国贸易顺差的主要原因之一。

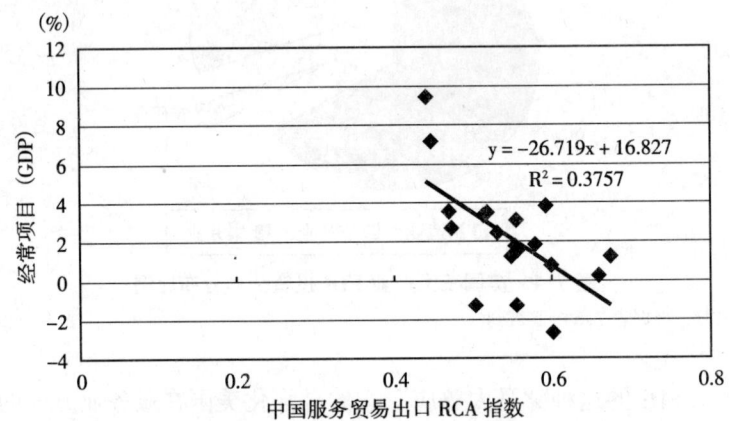

图 7-2 中国服务贸易出口 RCA 指数与经常项目/GDP 的散点图

资料来源:世界银行 World Development Indicator 数据库。

(二) 中美之间贸易失衡数据的再检验

不仅中美各自都存在着较大的贸易失衡,而且中美之间的贸易失衡在各自经常收支失衡中均占据了最大比重。从图 7-3 可以看出,随着中美之间的贸易关系越来越紧密,1999~2006 年间,中美之间的贸易失衡在美国对外贸易失衡总额中的比重以及占 GDP 的百分比呈逐年上升趋势。同样,中美之间的贸易失衡在中国各年贸易失衡中所占的比重就更大。2006 年中国经常项目对外顺差总额为 2533 亿美元,中美贸易失衡为 2595 亿美元,中美贸易失

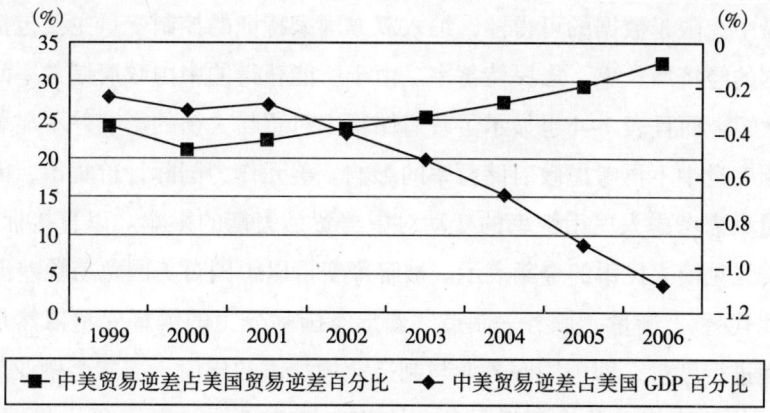

图 7-3 中美贸易逆差占据美国经常项目逆差及 GDP 的比重（1999~2006 年）
资料来源：根据美国经济分析局（BEA）数据计算得到。

衡占据了当年中国经常项目失衡总额的 102%，[①] 中国对外贸易的失衡几乎全部集中于美国。"服务—制造"新形态国际分工中，中美两国分属"制造"和"服务"各方，中国为世界最大的制造业加工生产基地，为新兴制造业发展中国家的典型代表；美国是世界上最大的服务出口国，每年服务出口额占到全球服务出口贸易的 14% 以上，是后工业化国家的典型代表。而且，在"服务—制造"新形态国际分工中，中国所生产的大量制造品都是以美国为出口市场，出口所换得的美元最终又被美国高效的金融体系所配置并重新流回美国，中国因此成为美国最大的债权持有国。截至 2010 年 4 月底，中国持有美国国债的数额达到 9002 亿美元。[②] 在"服务—制造"新形态国际分工下，中美两国形成了紧密互补的贸易关系，同时中美两国间的贸易失衡也构成了当今国际经济失衡的主体。因此，以中美之间的贸易失衡数据作为分析的对象，能更为清楚地检验"服务—制造"新形态国际分工对经济失衡的影响。

由于是以中美之间的贸易失衡数据作为分析对象，因此除了度量"服务—制造"分工的解释变量外，还需要将体现双方国家特征的变量加入到控

[①] 美国经济分析局（BEA）数据库和世界银行 World Development Indicator 数据库。
[②] 美国财政部国际资本流动报告（TIC）。

制变量中。限于数据的可得性，纳入双方国家特征的控制变量主要包括中国和美国的经济增长率、居民储蓄率。由于所能获得的中国政府储蓄率的数据时间太短，而且表7-4也显示了政府储蓄率对贸易失衡的影响并不显著，因此控制变量中不再考虑政府储蓄率的影响。美元作为国际计价货币，因此汇率变量只需考虑人民币汇率的变动对中美贸易失衡的影响。以直接标价法，即1美元兑换人民币的金额表示。被解释变量以中国对美国贸易顺差占GDP百分比代替，①衡量"服务—制造"新形态国际分工的解释变量依然是从三个方面进行度量，即美国服务业与制造业增加值的比值、美国金融业与制造业增加值的比值以及投资于服务业的FDI与GDP的比值。经平稳性检验，各变量均满足一阶平稳，限于篇幅这里就不再详细列出。针对模型中解释变量的自相关性，所有回归均采用了杜宾两步法（Durbin-Watson），估计结果如表7-6所示。

与预期一致，中国对美国贸易顺差占GDP的百分比会随着美国产业结构的变化而增加，而且相对于其他控制变量，产业结构的影响系数也是最大的。这说明中美之间的贸易失衡是由美国产业结构变化，主要是美国经济结构的日趋服务化而引致。更进一步，利用美国金融服务业与制造业增加值的比值以及美国服务业领域所吸收FDI与GDP的百分比的检验也显示，这两者的系数都要大于服务业/制造业，说明在新形态国际分工中，美国服务贸易的比较优势更多的是体现在其金融业等方面，也是吸引更多FDI投资于服务领域的原因所在，并促进了美国在"服务—制造"新形态国际分工中服务方面的领先优势。

从控制变量系数的显著性看，与表7-4得出的结论一致。美国经济增长率越高，会导致中国对美国贸易顺差的扩大，美国会从中国进口更多的制造品。中国经济增长率的提高会促进中国对美国贸易顺差的扩大，但并不显著。居民储蓄率上，无论是中国居民储蓄率还是美国居民储蓄率均对中国对美国贸易顺差有着显著的影响，但在方向上正好相反。美国居民储蓄率是负

---

① 同样也可以用美国对中国的贸易逆差占GDP百分比代替。

第七章 新形态国际分工对国际经济失衡的影响：基于跨国截面和中美贸易数据的实证

表 7-6 "服务—制造"分工对中美贸易失衡影响的计量结果

被解释变量	中国对美国的贸易逆差额						贸易逆差额/中国GDP					
	(1)	(2)	(3)	(4)	(5)	(6)	(7)	(8)	(9)	(10)	(11)	(12)
c	-8.241* (-4.015)	-10.290* (-9.833)	-8.145* (-10.314)	-8.103* (-8.250)	-6.772* (-3.494)	-9.264* (-8.722)	-7.529* (-7.690)	-7.671* (-6.191)	-0.964 (-0.565)	-4.535* (-3.829)	-10.223* (-6.894)	-11.053* (-6.195)
中国经济增长率		0.040 (0.809)	0.020 (1.322)	0.021 (1.178)		0.042 (0.813)	0.027 (1.349)	0.025 (1.088)		0.099 (1.549)	0.047*** (1.880)	0.042 (1.586)
美国经济增长率		0.302* (2.928)	0.231* (6.385)	0.232* (6.080)		0.308* (2.906)	0.236* (4.952)	0.235* (4.730)		0.183 (1.497)	0.223* (3.989)	0.227* (4.046)
中国居民储蓄率			0.103* (8.120)	0.103* (7.782)			0.104* (6.268)	0.103* (6.047)			0.178* (9.058)	0.181* (9.415)
美国居民储蓄率			-0.315* (-6.532)	-0.318* (-4.923)			-0.327* (-5.248)	-0.316* (-3.744)			-0.090 (-0.862)	-0.030 (-0.235)
人民币汇率				-0.003 (-0.077)				0.010 (0.204)				0.040 (0.628)
服务/制造业(美国)	2.354* (5.252)	2.519* (11.492)	1.450* (10.901)	1.447* (10.098)								
金融/制造业(美国)					6.582* (4.827)	7.379* (10.439)	4.190* (8.201)	4.221* (7.669)				
FDI/GDP(美国)									3.598** (2.422)	5.318* (5.718)	4.138* (6.827)	4.342* (6.838)
D.W	1.539	1.910	2.562	2.568	1.547	1.982	2.394	2.362	1.098	1.436	2.345	2.436
R^2	0.633	0.913	0.996	0.996	0.593	0.897	0.991	0.993	0.268	0.725	0.988	0.990

注：括号内为异方差稳健性t统计量；*表示在1%水平上显著；**表示在5%水平上显著；***表示在10%水平上显著。

相关，意味着美国居民储蓄率越低，中国对美国贸易顺差就会越大；中国居民储蓄率是正相关，意味着中国高企的储蓄率导致了中国对美国贸易顺差的扩大。

正如第六章关于新形态国际分工影响国际经济失衡机制的分析，中国金融体系的低效率，社会保障体系不健全等导致了中国储蓄率的不断提高，内需不足等问题日趋严重，过剩的产品只能通过出口的方式解决。与中国情形相反，美国经济的虚拟化所带来的财富效应导致了美国居民的低储蓄、高消费，并从中国进口大量的消费制造品。因此，中美两国储蓄率对两国之间的贸易失衡也就具有了显著的但截然相反的影响。

从美元兑人民币汇率看，人民币汇率的变动对中美贸易失衡的影响不显著。1988~2006年，人民币对美元汇率经历了1994年的大幅贬值后，此后又经历了缓慢的升值，截至2006年，人民币对美元汇率已从1994年的8.619左右升值到2006年的7.973左右，但在此过程中美国对中国的贸易逆差不仅没有缩小反而出现了恶化，这说明中美之间贸易失衡的关键不在于汇率，而是"服务—制造"新形态国际分工的产物，是在分工演进过程中美国经济结构的服务化使美国需要从以制造业为主的中国进口大量制造品的必然结果。

三、本章小结

本章以2005年跨国截面数据为样本，基于国际经济失衡解释的相关文献评述基础上，通过逐一加入各种可能影响国际经济失衡的因素，包括经济增长率、汇率、人口抚养比例以及政府和居民个人储蓄率等，实证检验了"服务—制造"新形态国际分工对国际经济失衡的影响。结果显示，以服务贸易出口显示比较优势指数度量的"服务—制造"新形态国际分工的确对各国（地区）的贸易失衡具有显著的负面影响。服务贸易出口显示性比较优势指数（RCA）越大，则该国经常项目余额占GDP百分比就越小；反之，则

第七章 新形态国际分工对国际经济失衡的影响：基于跨国截面和中美贸易数据的实证

该国经常项目余额占 GDP 百分比就越大。这意味着在"服务—制造"新形态国际分工中处于"服务"一方的国家经常项目余额占 GDP 百分比会较小，更易出现贸易赤字；而在"服务—制造"新形态国际分工中处于"制造"一方的国家经常项目余额占 GDP 百分比会比较大，更易出现贸易顺差。相对而言，其他控制变量对国际经济失衡的影响或是不显著，或是影响程度要小于"服务—制造"新形态国际分工的影响，这说明"服务—制造"新形态国际分工才是导致国际经济长期结构性失衡的关键。

为验证上述跨国截面数据所得结果的稳健性，考虑到中国和美国作为"服务—制造"新形态国际分工的典型代表，本章又分别以美国和中美之间 1988~2006 年共 19 年的贸易时间序列数据为样本作了进一步的检验。以美国制造业与服务业增加值之比作为"服务—制造"分工度量指标的检验结果显示，服务业与制造业增加值之比与美国的贸易余额占 GDP 百分比存在显著的负相关关系，说明在美国经济结构的调整中，伴随着经济的"去制造化"，美国贸易赤字占 GDP 的比重也越来越高，这一检验结果与运用跨国截面数据所得的结论完全一致。限于数据获取的限制，尽管没有对中国贸易失衡进行计量检验，但通过散点图显示，中国服务贸易出口显示性比较优势指数与贸易余额占 GDP 百分比呈负相关关系。这一结果与利用美国的数据所得出的结论完全一致。

中美之间的贸易失衡在各自的贸易失衡中占据了绝对的比重，而且双方之间存在典型的"服务—制造"分工，较长一段时期内双方之间形成了紧密互补的贸易关系。采用中美之间贸易数据所得到实证检验结果同样说明，"服务—制造"新形态国际分工是构成中美之间贸易失衡的关键。因此，本章多角度的检验均证实了所提出的新形态国际分工是导致国际经济失衡的主要因素这一论断。

第八章 启示与政策建议

当前,金融危机的阴霾还未完全消失,世界经济正处于深入调整、缓慢复苏的进程之中。对高度融入全球化的中国经济而言,后危机时代国际分工在"服务—制造"萌芽的基础上还能走多远?能否实现"服务—制造"分工格局下世界经济的可持续发展?国际分工模式又会出现怎样的调整?这些都是今后一段时期内中国经济发展过程中所无法回避的问题。后危机时代国际分工模式可能出现的调整以及调整方式本身就是一个宏大的课题,限于研究目的,这里并不打算对此展开详细的论述。作为全书的结语部分,本章主要包括以下两部分内容:一是在对"服务—制造"新形态国际分工的可持续性进行分析的基础上,结合金融危机爆发后主要国家出台的经济刺激政策和发展战略反应,仅对国际分工模式可能调整的方向做出一个基本判断;二是结合后危机时代中国所面临的经济结构调整,发展方式转变等迫切需要,根据本书"服务—制造"新形态国际分工演进的动因(基础)及其对国际经济失衡影响机制分析所得出的结论,分别从改善制度环境、提高文化软实力、改善收入分配等角度,提出对增加服务业在国民经济中的比重、发展先进制造业和扩大内需等政策建议。

一、"服务—制造"新形态国际分工的可持续性

作为一种初具雏形的新型国际分工,"服务—制造"是否具有可持续性,

是讨论后危机时代国际分工发展趋势首要值得关注的问题。

对"服务"国家而言，经济的虚拟化、虚拟经济与实体经济的脱节，使得专业化于服务业的大国如美国的经济发展变得不可持续。如第六章所述，在制造业"空心化"和收入两极分化下，以美国为首的发达国家通过放松金融监管、推动金融自由化和证券化、鼓励信贷扩张的宽松货币政策和肆意放大金融杠杆等措施，大力发展FIRE类的服务产业，其经济结构趋于金融化、虚拟化和泡沫化。尽管在一定时期内这种由"泡沫驱动的需求"暂时弥补了实体经济萎缩所带来的负面影响，出现了被自由主义经济学家吹嘘为摆脱周期规律约束的、繁荣永不凋零的"新经济"。然而，脱离实物投资的金融投机并不产生供给，脱离实体经济的虚拟经济也并不真正能创造财富。虚拟经济的过度膨胀最终会酿成恶性通货膨胀、经济失衡乃至经济危机。

对"制造"国家来说，贸易保护主义抬头以及自然资源的承载能力等，使得专业化于制造业的大国如中国的经济发展不可持续。危机之下，世界经济复苏缓慢，主要经济体经济增长疲软进一步增强了其自顾性，发达国家将优先考虑解决国内就业、产业发展等问题，继而出台了各种贸易限制措施和保护措施，贸易保护主义抬头并一度出现了"逆全球化"趋势。作为制造品出口大国，从危机爆发开始，中国先后经历了从橡胶轮胎到无缝钢管等一系列的贸易摩擦。2008年，中国出口产品遭受来自21个国家和地区共93起贸易救济调查，涉案金额约为61.4亿美元，分别较2007年增长了15%和35%。2009年1~3月，全球共有11个国家和地区对中国出口产品发起了"两反两保"调查25起，涉案总金额约为7亿美元。[①] 与此同时，主要贸易逆差国家也纷纷给中国施压，借汇率之名对中国的制造品出口进行打压，使中国制造品面临着极为不利、恶劣的出口环境。在"服务—制造"新形态国际分工模式下，中国以廉价的劳动力和土地等要素参与其中，虽然换来了经济的高速增长和解决了部分农村人口的就业问题，但也付出了地区和城乡收入差距扩大、资源枯竭、环境恶化、产能过剩、经济增长质量下降等一系列

---

① 黄晓凤. 金融危机背景下我国应对国际贸易摩擦的策略 [J]. 经济与社会发展，2009 (6).

代价，经济发展模式迫切需要转型。

显然，"服务—制造"新形态国际分工在带来全球经济增长的同时，也积累了大量的痼疾。对于部分小的国家或地区，如新加坡、中国香港地区，其整体经济规模较小，经济增长完全可能依赖于某一产业，如服务业。但对于一个对世界经济有着重要影响力的大国经济而言，这种分工模式显然是不可持续的。与大国相比，小国由于对全球经济的影响有限，在现有的国际经济环境下不会造成世界经济大的失衡，而像中国、美国等这样的大国，在现有的国际经济秩序下，单一地过度偏向某一产业的发展都有可能造成经济的内外失衡，各产业间需要平衡协调的发展。后危机时代"服务—制造"新形态国际分工模式也必然会在一定程度和范围内得到调整。

以金融危机为契机，主要"服务"发达国家都纷纷提出了旨在改变这一分工模式的未来发展战略，即让经济增长的动力回归实体经济和制造业的"再工业化"（Reindustrialization）主张。在《给美国制造业一个更加美好的未来》的论文中，McCormack（2009）就分别分析了美国制造业的困境、贸易政策、制造业的国外激励、离岸外包、去工业化、劳动力培训、工业基础的保护、全球供应链、制造业技术九个方面的问题，并引用 Winwood Reade 1872 年作品《巨人的牺牲》的原文表明了对"再工业化"的看法，"工业才是财富唯一真实的源泉……"很明显，以美国为首的"服务"发达国家已经意识到这一分工模式的不可持续性，并开始着手进行分工的调整。但已经失去劳动力成本比较优势的美国显然无法再回到传统制造产业发展之路，必然会寻找新的制造业经济增长引擎和出路。历次危机之后，世界科技革命都会出现一次大的变革，因此"服务"发达国家的"再工业化"也都寄托于科技创新之上，各国正在进行抢占科技制高点的竞赛（裴长洪，2010）。危机爆发不久，主要服务业发达国家都已相继吹响了加大科学技术创新力度，发展新兴产业的"再工业化"的号角。美国总统奥巴马上任伊始就提出了所谓的"绿色经济运动"（Green Economy Act）复兴计划，并将开发新能源和节能为主体的"绿色新政"作为未来美国经济成长的新动力，内容包括气候、农业、汽车、建筑、能源等多个领域。并推出了一项涉及资金高达 5000 亿~

7000亿美元的经济刺激计划。同样,欧盟委员会宣布将在2013年之前投资1050亿欧元支持"绿色经济",以保持在"绿色技术"领域的世界领先地位。英国则从生物制药等高新科学技术等方面加强了自身的产业竞争优势。

二、经济结构调整、发展方式转变的着力点

由此看来,后危机时代中国再一相情愿地继续维持过去的国际分工模式,可能是不切实际甚至是危险的。从长期看,中国必须立足于今后的国际分工模式将会发生变化这一基本出发点上。在危机发生之后,中国不仅推出了应对短期内外需不足,保持经济平稳增长的刺激政策,如家电下乡、汽车补贴等,而且积极推动经济结构的调整和发展方式的转变,将扩大内需和提高服务经济在国民经济中所占的比重作为未来结构调整和发展方式转变的重中之重。但结构调整和发展方式转变何以顺利进行?近年来,中国一直试图扩大内需对经济增长的拉动作用,走内需驱动型的经济发展之路,但实际效果往往甚微。现实情形却是外需对中国经济增长的拉动作用远大于内需,外需依然一枝独秀。2003年以来,在每年的GDP增量中,由消费拉动的增加值增量所作的贡献只有20%多,服务业占国民经济比重被锁定在40%不变,而出口拉动的增加值增量所作的贡献达45%左右。根据有关"服务—制造"新形态国际分工演进的动因(基础)及其对国际经济失衡的影响机制分析所得出的启示,本书认为未来中国经济结构的调整、发展方式的转变应着力以下几点:

(1)着力改善"糟糕"的制度环境,完善有利于服务经济发展的法律、信用等制度环境,降低企业内销的交易成本,帮助企业建立起内销的商业网络(渠道)。中国具有规模庞大的消费市场。单单人口规模就是美国的4倍多,是整个欧洲的两倍之多。经过改革开放30多年的持续快速的经济增长,尽管在中国内部出现了严重的收入分配失衡,但经济规模以及整体收入水平

第八章 启示与政策建议

的提升同样形成了一个庞大的、潜在的消费市场。理论上讲，有效地开发和利用这一巨大的市场规模将足以弥补甚至替代国外市场的需求，实现内需和外需双轮协调驱动的增长模式。

"服务—制造"分工形成的动因（基础）分析表明，相对制造业的劳动密集型或资本密集型特征，服务业更具制度密集型的特征，其发展以及服务贸易比较优势的形成更加依赖于无形的制度要素禀赋。从世界银行对全球160多个国家调查的关于"营商"（Ease of Doing Business）的部分制度环境指标对比看（见表8-1），中国的制度环境与服务业发达国家和地区相比还有相当大的差距，商务制度环境亟待改善。首先是"营商"所需的各种审批程序要远远多于新加坡和美国，而烦琐的审批程序则为权力"寻租"带来了机会；其次是时间成本过高，办事效率低下，企业需要为此耗费过多的时间和精力；最后就是在权力的监督和对投资者保护强度上与服务业发达国家存在较大差距，表明信任度和透明度较差。正是长期没能得到有效改善的"糟

表8-1 有关营商制度环境的国际比较

		程序（个）	时间（天）	费用（占人均收入%）	
获得许可证	中国	37	336	579.2	
	新加坡	11	25	19.9	
	美国	19	40	12.7	
		程序（个）	时间（天）	成本（占所有权%）	
注册所有权	中国	4	29	3.1	
	新加坡	3	5	2.8	
	美国	4	12	0.5	
		程序（个）	时间（天）	成本（占索赔%）	
合同执行力	中国	34	406	11.1	
	新加坡	21	150	25.8	
	美国	32	300	14.4	
投资者保护		信息披露（0~10分）	董事责任（0~10分）	股东对管理层监督（0~10分）	投资者保护强度（0~10分）
	中国	10	1	4	5
	新加坡	10	9	9	9.3
	美国	7	9	9	8.3

资料来源：世界银行 The Doing Business Project 调查数据库。

糕"的制度环境成为了中国服务业发展水平滞后的关键因素。

当下，受危机影响国外订单急剧减少时，众多中小企业出现倒闭或生产利润下滑局面，企业发展过分依赖国外订单。但是，国内中小企业并不是一开始就只做国际市场，自动放弃本土市场的（周其仁，2009）。有很大一部分企业是从做内需起家，①到了20世纪90年代后，中国开始建设市场经济，这些中小企业，包括一大批的乡村工业企业，在国际订单大量涌入国内时开始面临抉择。对外，虽然利薄，但量大，路通，只要集中精力把产品做好，后面的事情都不用管。因为国际市场有累积了上百年的商业文明、商业通道。订单的背后是一个庞大、细致、成熟的商业网络。对内，虽然量大，前景广阔，但要很辛苦地开拓市场，很费心地拉关系，交易费用太高，精力太分散。结果，很多原来对内的企业尝试对外之后，就迅速由内转外。于是，"中国制造"开始遍及全球，外汇储备跃居全球第一，但与此同时，中国的外向依赖也愈发严重，很多企业只会做外单，而且只会做代工。张杰、刘志彪等人（2008）的研究表明在社会信用体系和知识产权保护制度缺位下，中小企业会更偏好于代工或贴牌的出口加工贸易。国际商路之所以比国内商路要通畅，则通畅在其良性的商业文明环境，这种商业文明又体现在其相对成熟的法律、制度和道德体系。现代意义上的市场经济于18世纪最先发轫于英美等西方发达国家，至今已经历了300多年的不断完善。而在其之前，普通法系早在13世纪就已经相对成熟，并且灵活地适应了经济和社会的变动②（姚中秋，2008）。因此，对中国未来服务业的发展而言，应把改善"糟糕"的制度环境，作为扩大内需和提高服务业发展水平的动力源泉。通过逐步消除导致市场分割的制度障碍，建立起统一的市场，完善和建立有利于服务经济发展的法律、规则、信用等制度环境，降低企业内销的交易成本，帮助企业建立起内销的商业网络（渠道），进而发挥中国巨大市场规模效应。

（2）着力发掘中华民族的优秀文化禀赋并应用于对先进制造业的发展之

---

① 中国的珠三角和长三角地区，最早中小民营企业都是做内需起家，广东企业20世纪80年代有名的经济北伐，用香港地区灵活的经济机制往北赶，温州早年企业起家都是竞销国内的商家。

② 这正是第四、五章所论述的，英美等西方国家具有服务贸易出口显示性比较优势的原因。

第八章 启示与政策建议

中，适度"脱模块化"，基于产品构建的基础上，在发展先进制造业过程中可向一体化生产方式转变。中国是一个劳动力人口大国，就业关乎民生，是经济发展过程中政府所关注的头等大事，虽然发展服务业是未来中国解决就业的一个方向，但由于服务业对投入要素的要求较高，短期内制造业仍是我国经济增长、吸纳就业、保持国际竞争力的主导产业。但是，"服务—制造"分工下，模块化生产组织的应用使中国制造企业得以作为同质的生产者进入产品构建明显偏向模块化的产业，并在其中迅速形成生产能力，但是模块化却限定了中国企业技术变革的轨道并将其锁定在"模块化陷阱"之中。模块化在为中国制造业扩张提供条件的同时，也压缩了中国制造业进行技术革新的空间。复杂产品被分解为复数的、主要依靠同质要素投入的标准界面产品，关键部件可以在国际市场购买得到，因此，生产过程转变为购买关键部件并进行组装。但是，产品层次上的构建的模块化往往是以关键部件层次上的构建的集成化为前提的，也就是说，在产品功能不变或增加的情况下，模块化只有在关键部件更多地承担其他模块的功能的情况下才能出现（宋磊，2008）。长期以来，中国企业往往被限制在低附加值、微利化的低端模块环节，陷入俘获型网络和模块化陷阱（曹亮、汪海粟等，2008），尽管出口额巨大，但获利甚微。

"服务—制造"新形态国际分工形成的动因（基础）分析表明，德国、日本之所以能在制造业高端消费品和高附加中间投入品上保持常青，其善于制造和精于制造的特性正是来自其对本国民族文化禀赋的深度挖掘和充分利用。在文化禀赋上，中国虽然素有集体主义的文化传统，但改革开放以来收入分配的恶化和社会结构的剧烈变迁，导致集体主义文化的削减。因此，在国际分工上自然而然地接受了重竞争轻协调的模块化生产组织方式，陷入了模块化分工陷阱中（张捷，2007）。因此，中国要进行制造业产业升级，尤其是要发展先进制造业，可能需要适当转换路径，适度"脱模块化"。在基于产品构建基础上，通过推进改革，转变政府职能，为企业营造自由、公正、有序的市场环境，使企业将自身要素与文化禀赋优势结合起来，向更加一体化产品构造和更加依赖协同文化组织结构的生产方式转变，避免模块化生产方式对我国制造业分工的锁定效应。

(3) 着力提高服务业的国际竞争力,对内可逐步放开对民营企业在发展服务业上的限制,提高国内服务业企业的竞争性,并在培育国内企业服务竞争力的基础上渐进有序地扩大服务领域的对外开放。由于服务业长期滞后于制造业对服务业发展的需求,在国外对中国制造品出口强劲需求带动下,导致企业的资源主要投向制造能力的发展,而忽视服务竞争能力的培养,整体上势必造成中国服务业的国际竞争力不足,无法与国外服务业展开竞争,服务业往往被以涉及国家安全为由保护起来。对外,服务业开放和自由化程度远远落后于制造业,贸易壁垒很高,外资无法进入;对内,被保护的服务业的垄断成分增多,国有资本成为服务领域的主要提供者,进入门槛越来越高,民营资本难以企及。行政垄断还导致了与服务业发展相关的立法、信用体系等制度供给不足以及对服务业驾驭和监管能力不足的问题的出现。因此,提高中国服务贸易的竞争力,对内,需要逐步降低服务业的进入门槛,减少国有垄断成分,引入民间资本提高服务领域的竞争程度,在对内有序开放的基础上,循序渐进地减少服务贸易壁垒,增强服务业对外开放度,逐步培育服务业的国际竞争力。

(4) 着力改善民生,改善收入分配,努力提高广大居民,尤其是普通劳动者的收入水平,进而增强国内居民的消费能力。"服务—制造"新形态国际分工影响国际经济失衡的机制分析表明,中国恶化的收入分配、不健全的社会保障制度等导致了整个国家居民的谨慎性储蓄倾向非常高,是形成"内需不足—生产相对过剩—外需依赖"恶性循环的重要原因。尤其是对人口比重最高、规模最大,具有较高边际消费倾向的普通劳动者,收入水平的相对下降,社会保障的不足更是导致了中国"高储蓄,低消费"现象的直接原因。后危机时代,走内需驱动型的服务经济之路,就必须实实在在地提高广大居民的收入水平,进而提高居民的消费能力。而当务之急则是从确实缩小收入分配差距,提高普通劳动者的收入水平,建立健全覆盖全民的社会保障体系入手,进而增强国内居民消费对经济增长的拉动促进作用。

附录一 实证模型的数据来源及说明

变量名	数据来源及说明
RCA	2005年各国服务贸易出口显示性比较优势指数。资料来源：根据世界银行World Development Indicator数据库计算得到。
Rule	从司法体系效率、法庭的公平程度、法庭的判决以及契约的执行程度、产权的被保护程度等方面对2005年各国法治水平的评分。该评分已经经过标准化处理的（均值为0，标准差为1），分值为-2.5至2.5之间。资料来源：Kaufmann等（2007）。
Pop	人口规模，以该国（地区）所拥有的总人口数表示。资料来源：世界银行World Development Indicator数据库。
Latitude	地理位置。表示该国（地区）距离赤道的远近，采用该国首都城市所处的纬度表示。资料来源：La Parta et al. (1999)。
Tel	每百人所拥有的电话线数量。资料来源：世界银行World Development Indicator数据库。
Road	全国公路铺设比例。根据近3年公路铺设比例的平均值得到。资料来源：世界银行World Development Indicator数据库。
Edu	教育发展水平。采用高等教育毛入学比例（Tertiary School Enrollment, % Gross）来替代。资料来源：世界银行World Development Indicator数据库。
Urban	城市化率。以该国（地区）最大城市人口占总城市人口比重来表示。资料来源：世界银行World Development Indicator数据库。
Continent	各国的地理位置虚拟变量。将世界各国划分为6类地区：非洲、亚洲、欧洲、拉丁美洲和加勒比、北美以及其他地区。
Legal Origin	法律起源。各国法律制度的起源，根据La Porta (1999)，将世界各国的法律制度起源划分为社会主义（Socialist）、法国（French）、英国（English）、德国（German）、斯堪的纳维亚（Scandinavian）。
ELF	各国的民族细分度。该变量主要是测度了一国民族的分裂程度，数值介于0至1之间。分值越高意味着民族细分性越大。该变量数值的获得主要是从5个方面对1960s的平均，包括①一国中任意两个人是否同属于一个少数民族语言组（ethno linguistic group）的可能性；②任意两个被选中的个人（individuals）讲不同种语言的可能性；③任意两个被选中的代理人（agents）不讲同一种语言的可能性；④不讲官方语言的人口比重；⑤不讲被绝大多数人使用的语言的人口比重。资料来源：La Porta (1999)。

续表

变量名	数据来源及说明
Current Account	经常项目进出口占 GDP 百分比。资料来源：世界银行 World Development Indicator 数据库。
经济增长率	各国每年 GDP 增长速度 (growth)，包括美国、中国 1988~2006 年各年的 GDP 增长率。资料来源：世界银行 World Development Indicator 数据库。
人口抚养比例	老年人口占工作人口的比例 (old of working-age population, %)。资料来源：世界银行 World Development Indicator 数据库。
政府储蓄率	以政府现金余额占 GDP 百分比 (Government saving)。资料来源：世界银行 World Development Indicator 数据库。
居民储蓄率	居民个人净储蓄占 GNI 百分比 (Personal Saving)。资料来源：世界银行 World Development Indicator 数据库。
汇率低估程度	根据 Rodrik (2008) 方法，由汇率 (XRAT) 和购买力平价转换系数 (PPP)，以及人均 GDP (RGDPCH) 计算得到。资料来源：Penn World Tables 6.2 Heston, Summer and Atina (2006)。
服务/制造业	服务业与制造业增加值之比。资料来源：世界银行 World Development Indicator 数据库。
金融/制造业	金融服务业与制造业增加值之比。资料来源：世界银行 World Development Indicator 数据库。
FDI/GDP	美国服务业 FDI 与 GDP 之比。资料来源：美国经济分析局 (BEA)。
美国居民储蓄率	资料来源：美国经济分析局 (BEA)。
中国毛储蓄率	资料来源：世界银行 World Development Indicator 数据库。
人民币汇率	单位美元兑换人民币金额。资料来源：世界银行 World Development Indicator 数据库。

附录二 计量模型所涉及的国家样本

样本数量	国家代码（Country Code）
161个样本国家	ALB、AGO、ATG、ARG、ARM、ABW、AUS、AUT、AZE、BHS、BHR、BGD、BRB、BLR、BEL、BLZ、BEN、BOL、BIH、BWA、BRA、BRN、BGR、BDI、KHM、CMR、CAN、CPV、CHL、CHN、COL、COG、CRI、CIV、HRV、CYP、CZE、DNK、DJI、DMA、DOM、ECU、EGY、SLV、EST、ETH、FJI、FIN、FRA、PYF、GAB、GMB、GEO、DEU、GHA、GRC、GRD、GTM、GUY、HTI、HND、HKG、HUN、ISL、IND、IDN、IRQ、IRL、ISR、ITA、JAM、JPN、JOR、KAZ、KEN、KOR、KWT、KGZ、LAO、LVA、LBN、LSO、LBR、LBY、LTU、LUX、MAC、MKD、MDG、MYS、MDV、MLI、MLT、MUS、MEX、MDA、MNG、MAR、MOZ、MMR、NAM、NPL、NLD、ANT、NZL、NIC、NER、NGA、NOR、OMN、PAK、PAN、PNG、PRY、PER、PHL、POL、PRT、ROM、RUS、RWA、WSM、STP、SAU、SEN、SYC、SLE、SGP、SVK、SVN、SLB、ZAF、ESP、LKA、KNA、LCA、VCT、SDN、SUR、SWZ、SWE、CHE、SYR、TJK、TZA、THA、TGO、TON、TTO、TUN、TUR、UGA、UKR、GBR、USA、URY、VUT、VEN、VNM、YEM、ZMB
16个样本国家中剔除的7个国家（154个样本国家）	ABW、BHS、PYF、IRQ、LBR、MMR、ANT
161个样本国家中剔除的18个国家（143个样本国家）	ABW、AUS、BHS、COL、PYF、IRQ、LBN、LBR、MKD、MDV、MMR、ANT、KNA、LCA、SYR、TJK、TUR、VNM
161个样本国家中剔除的62个国家（99个样本国家）	ALB、ATG、ABW、AUS、BHS、BRB、BLZ、BOL、BIH、CAN、COL、COG、CIV、DMA、DOM、ECU、PYF、GAB、GMB、DEU、GRD、GTM、HTI、HND、IRQ、JAM、LBN、LBR、LBY、LUX、MKD、MDV、MMR、NPL、ANT、NIC、PNG、WSM、STP、SYC、SLE、SGP、SLB、ZAF、LKA、KNA、LCA、VCT、SDN、SUR、SYR、TJK、THA、TGO、TON、TUR、UGA、URY、VUT、VEN、VNM、ZMB

续表

样本数量	国家代码（Country Code）
161个样本国家中剔除的90个国家（71个样本国家）	ALB、ATG、ABW、AUS、BHS、BHR、BRB、BLZ、BEN、BOL、BIH、BWA、BRN、BDI、CAN、CPV、COL、COG、CIV、HRV、CYP、DJI、DMA、DOM、ECU、EST、FIN、PYF、GAB、GMB、DEU、GRD、GTM、GUY、HTI、HND、ISL、IRQ、JAM、LAO、LVA、LBN、LSO、LBR、LBY、LTU、LUX、MAC、MKD、MDV、MLT、MUS、MDA、MMR、NAM、NPL、ANT、NIC、OMN、PNG、WSM、STP、SYC、SLE、SGP、SVK、SVN、SLB、ZAF、LKA、KNA、LCA、VCT、SDN、SUR、SWE、SYR、TJK、THA、TGO、TON、TTO、TUN、TUR、UGA、URY、VUT、VEN、VNM、ZMB
161个样本国家中人口小于百万国家	ATG、ABW、BHS、BHR、BRB、BRN、CPV、CYP、DJI、DMA、FJI、PYF、GRD、GUY、ISL、LUX、MAC、MDV、MLT、ANT、WSM、STP、SYC、SLB、KNA、LCA、VCT、SUR、TON、VUT

注：国家代码以世界银行所公布的三字母简写为准。实证中所采用样本的数据可以根据附录一资料来源得到。

参考文献

[1] Acemoglu, D., S. Johnson and J. Robinson, the Colonial Origin of Comparative Development: an Empirical Investigation, American Economic Review, 2001, Vol.91 (5).

[2] Acemoglu, D. and S. Johnson, Unbundling Institutions, Journal of Political Economy, 2005, Vol.113 (5).

[3] Agnès, B. Q., M. Coupet and T. Mayer, Institutional Determinants of Foreign Direct Investment, CEPII Working Paper, 2005, No.2005-5.

[4] Aizenman, J. and M. M. Spiegel, Institutional Efficiency, Monitoring Costs and the Investment Share of FDI, NBER Working Paper, 2002, No.9324.

[5] Alesina, A., et al., Fractionalization, Journal of Economic Growth, 2003, Vol.8.

[6] Alfar, L., S. Kalemli-Ozcan and V. Volosvych, Why doesn't Capital Flow from Rich to Poor Countries: An Empirical Investigation, Mimeo, 2003.

[7] Alexander.S. Sidney, the Effects of Devaluation on a Trade Balance, IMF Staff Papers, 1952, Vol.2 (2).

[8] Arndt, S. W., Globalization and the Open Economy, North American Journal of Economics and Finance, 1997, Vol.8 (1).

[9] Arndt, S. W., Super-Specialization and the Gains from Trade, Contemporary Economics Policy, 1998, Vol.XVI.

[10] Arndt, S. W., Globalization of Production and the Value-Added Chain, North American Journal of Economics and Finance, 2001, Vol.12 (1).

[11] Backus, D., E. Henricksen and F. Lambert et al., Current Account Fact and Fiction, Meeting Papers from Society for Economic Dynamics, 2005.

[12] Bair, J. and G. Gereffi, Local Clusters in Global Chains: The Causes and Consequences of Export Dynamism in Torreon's Blue Jeans Industry, World Development, 2001, Vol.29 (11).

[13] Balassa, B., Tariff Reduction and Trade in Manufactures Among the Industrial Countries, American Economic Review, 1966, Vol.56.

[14] Baldwin, R. E. and R-N. Francis, Offshoring: General Equilibrium Effects on Wages, Production and Trade, Centre for Economic Performance (The London School of Economics and Political Science), Discussion Paper, 2007, No.794.

[15] Barro, R. J., the Ricardian Approach to Budget Deficits, Journal of Economic Perspectives, 1989, Vol.3.

[16] Baxter, M., International Trade and Business Cycles, Handbook of International Economics (edited by G. Grossman and K. Rogoff Editors, North-Holland, and Amsterdam), 1995, Vol.3.

[17] Bénassy-Quéré, A., M. Coupet and T. Mayer, Institutional Determinants of Foreign Direct Investment, CEPII Working Paper, 2005, No. 2005-5.

[18] Bergsten, C. F., the Dollar and the Renminbi Statement before the Hearing on US Economic Relations with China: Strategies and Options on Exchange Rates and Market Access. Security and International Trade and Finance, Committee on Banking, Housing and Urban Affairs, United States Senate, 2007.

[19] Bernanke, B., the Global Saving Glut and the U.S. Current Account Deficit, Sandridge Lecture, Virginia Association of Economics, Richmond, Virginia, Federal Reserve Board, 2005.

[20] Berry, L. L., Service marketing is Different, Business, 1980.

[21] Blanchard, O. and M. Kremer, Disorganization, Quarterly Journal of Economics, 1997, Vol.112 (4).

[22] Bourdieu, P., the Social Space and the Genesis of Groups, Social Science Information, 1985, Vol.24 (2).

[23] Boyd, D. et al., Real Exchange Rate Effect s on the Balance of Trade: Cointegration and the Marshall-Lerner Condition, International Journal of Finance and Economics, 2001, Vol.6.

[24] Boyd, H. J and B. D. Smith, Capital Market Imperfections, International Credit Markets, and Nonconvergence, Journal of Eonomic Theory, 1997, Vol.73.

[25] Brander, J. A. and P. Krugman, A "Reciprocal Dumping" Model of International Trade, Journal of International Economics, 1983, Vol.15.

[26] Bussière, M., M. Fratzscher and J. G. Muller, Current Account Dynamics in OECD and EU Acceding Countries-An Intertemporal Approach, European Central Bank Working Papers Series, 2004, No.311.

[27] Caballero, R. J., E. Farhi and P-O. Gourinchas, an Equilibrium Model of "Global Imbalances" and Low Interest Rates, NBER Working Paper, 2006, No.6-2.

[28] Chanda, R., Movement of Natural Person and the GATS, the World Economy, 2001, Vol.24 (5).

[29] Chinn, D. M. and H. Ito, Current Account Balances, Financial Development and Institutions: Assaying the World "Saving Glut", Santa Cruz Center for International Economics, 2005, http: //sccie.ucsc.edu/.

[30] Claessens, S. and T. Glaessner, Internationalization of Financial Services in Asia, World Bank Policy Research Working Paper, 1998, No.1911.

[31] Clague, C., P. Keefer, S. Knack and M. Olson, Contract-Intensive Money: Contract Enforcement, Property Rights, and Economic Performance, Journal of Economic Growth, 1999, Vol.4.

[32] Clague, C., Institutions and Economic Development: Growth and Governance in Less-Developed and Post-Socialist Countries, Johns Hopkins University Press, 1997.

[33] Coase, R., The Nature of the Firm, Economica, 1937, Vol.4.

[34] Coase, R., The Problem of Social Cost, Journal of Law and Economics, 1960, Vol.3.

[35] Cooper, J, 复苏之路的开始. 商业周刊, 2008, Vol.10.

[36] Deardorff, A. V., International Provision of Trade Services, Trade and Fragmentation, Review of International Economics, 2001, Vol.9 (2).

[37] Demirgüc-Kunt, A. and R. Levin, Stock Market Development and Financial Intermediaries: Stylized Facts, the World Bank Economic Review, 1996, Vol.2.

[38] DiMaggio, P, Culture and Economy, in Neil Smelser and Richard Swedberg (eds.), the Handbook of Economic Sociology, 27-57, Princeton, NJ: Princeton University Press, New York: Russell Sage Foundation, 1994.

[39] DiMaggio, P, the New Institutionalism: Avenues of Collaboration, Journal of Institutional and Theoretical Economics, 1997, Vol.154.

[40] Dooley, M., D. Folkerts-Laudau and P. Garber, An Essay on the Revised Bretton-Woods System: the Effects of Periphery Intervention and Reserve Management on Interest Rates and Exchange Rates in Center Countries, NBER working paper, 2004, No.9971.

[41] Doove, S., G. Owen, D. N. Hong and J. Owen, Price Effects of Regulation: Telecommunications, Air Passenger Transport and Electricity Supply, Productivity Commission Staff Research Paper, AusInfo, Canberra (October), 2001.

[42] Dunaway, S., Global Imbalances and the Financial Crisis, Council Special Report, 2009, No.44.

[43] Ender, W. and B-S. Lee, Current Account and Budget Deficits:

Twins or Distant Cousins? The Review of Economics and Statistics, 1990, Vol. 72 (3).

[44] Easterly, W. and R. Levine, Tropics, Germs and Crops: How Endowments Influence Economic Development, NBER Working Papers, 2002, No.9106.

[45] Eisner, R., National Saving and Budget Deficits, The Review of Economics and Statistics, 1991, Vol.76 (1).

[46] Erceg, C. J., L. Guerrieri and C. Gust, Expansionary Fiscal Shocks and the Trade Deficit, Board of Governors of the Federal Reserve System, International Finance Discussion Paper, 2005, No.825.

[47] Evans, P., Do Budget Deficits Affect the Current Account, Ohio State University Press, 1988.

[48] Falvey, R. and H. Kierzkowski, Product Quality, Intra-Industry Trade and Imperfect Competition, In Monopolistic Competion and International Trade (edited by H. Kierzkowski), Oxford University Press, 1985.

[49] Fracasso, A. and S. Schiavo, Global Imbalances, Exchange Rates Adjustment and the Crisis: Implications from Network Analysis, Journal of Policy Modeling, 2009, Vol.31.

[50] Gereffi, G., the Organization of Buyer-Driven Global Commodity Chains: How U.S Retails Shape Overseas Production Networks, Commodity Chains and Global Capitalism, London, Praeger, 1994.

[51] Gallup, J. L., J. Sachs and A. Mellinger, Geography and Economic Development, CID Working Papers, 1999, No.1.

[52] Gao, J., J. C. Qian, B. Eriksson and E. Blas, Health Equity in Transition from Planned to Market Economy in China, Health Policy Planning, 2002, Vol.17.

[53] Grossman, G. M. and. E. Helpman, Integration versus Outsourcing in Industry Equilibrium, the Quarterly Journal of Economics, 2002, Vol.117 (1).

[54] Grubel, H. G. and P. J. Lloyd, Intra-Industry Trade: the Theory and Measurement of International Trade in Differentiated Products, Macmillan Press, London, 1975.

[55] Habib, M. and L. Zurawicki, Corruption and Foreign Direct investment, Journal of International Business Studies, 2002, Vol.33 (2).

[56] Hall, R. E. and. J. Charles, Why do Some Countries Produce so Much More Output Worker than Others, Quarterly Journal of Economics, 1999, Vol.114 (1).

[57] Heckscher, E. F., The Effect of Foreign Trade on the Distribution of Income in Swedish, Ekonomisk Tidskrift, 1919, Vol.21 (2); reprinted in Readings In the Theory of International Trade. Homewood, IL: Irwin, 1950.

[58] Henriksen, E., A Demographic Explanation of U.S and Japanese Current Account Behavior, Unpublished Manuscript, 2005.

[59] Hill, T. P., On Goods and Services, Review of Income and Wealth, 1977, Vol.23 (4).

[60] Henriksen, E. R., A Demographic Explanation of U.S. and Japanese Current Account Behavior, 2002, http: //grumpy.gsia.cmu.edu/espen/inprogress/DemogrCA.pdf.

[61] Hill, T. P., Tangibles, Intangibles and Services: A New Taxonomy for the Classification of Output, Canadian Journal of Economics, 1999, Vol. 32(2).

[62] Hindley, B. and A. Smith, Comparative Advantage and Trade in Service, the World Economy, 1984, Vol.7.

[63] Hoekman, B., Assessing the General Agreement on Trade in Services, the Uruguay Round and the Developing Countries, World Bank Discussion Paper, 1995, No.307. Washington, D. C.: The World Bank. Revised Version Published in Will Martin and L. Alan Winters (eds.), Cambridge University Press, 1996.

[74] Jones, R. W. and H. Kierzkowski, A Framework for Fragmentation, Tinbergen Institute Discussion Paper, TI, 2000, No.2000-56/2.

[75] Jones, R. W. and H. Kierzkowski, International Trade and Agglomeration: An Alternative Framework, A Paper Provided by Economics Section, The Graduate Institute of International Studies, Working Papers, 2004, No.10.

[76] Jones, R. W. and H. Kierzkowski, International Fragmentation and the New Economic Geography, North American Journal of Economics and Finance, 2005, Vol.16 (1).

[77] Kanbur, R. and X. B. Zhang, Spatial Inequality in Education and Health Care in China, International Food Policy Research Institute, Washington, DC, 2003.

[78] Kaufmann, D., A. Kraay and M. Mastruzzi, Governance Matters VI: Aggregate and Individual Governance Indicators for 1996-2006, World Bank Policy Research Working Paper, 2007, No.4280.

[79] Kim, S. Y. and N. Roubini, Twin Deficit or Twin Divergence? Fiscal Policy, Real Exchange Rate and the Current Account in the U.S Society for Economic Dynamic, Meeting Papers, 2004, No.792.

[80] Kimura, F. and A. Mitsuyo, Fragmentation and Agglomeration Matter: Japanese Multinationals in Latin America and East Asia, North American Journal of Economics and Finance, 2003, Vol.14.

[81] Kohler, W., The Distributional Effects of International Fragmentation, German Economic Review, 2003, Vol.1.

[82] Kohler, W., International Outsourcing and Factor Prices with Multistage Production, The Economic Journal, 2004, Vol.114.

[83] Kroeber, A. L. and C. Kluckhohn, Cluture: a Critical Review of Concepts and Defiinitions, Cambridge, MA: Peabody Museum, 1952.

[84] Krugman, P., Increasing Returns, Monopolistic Competion and

[64] Hoekman, B. and C. A. Primo Braga, Protection and Trade in Service: A Survey, Open Economies Review, 1997, Vol. (8).

[65] Hofstede, G., Cultural Constraints in Management Theories, Academy of Management Executive, 1993, Vol.7 (1).

[66] Holmes. L. and A. Hardin, Assessing Barriers to Services Sector Investment, Impediments to Trade in Services: Measurement and Policy Implications (edited by Christopher Findlay and Tony Warren), London and New York: Routledge, 2000.

[67] Holmstrom, B., The Provisions of Services in a Market Economy, Managing the Service Economy: Prospects and Problems (edited by Robert P. Inman), Chapter 7, Cambridge University Press, 1985.

[68] Huang, Y. and X. Luo, Reshaping Economic Geography: The China Experience, in Y. Huang and A. Magnoli Bocchi (eds), Reshaping Economic Geography in East Asia, 2008.

[69] Hummels, D., J. Shi and K-M. Yi, The Nature and Growth of Vertical Specialization in World Trade, Journal of International Economics, 2001, Vol.54.

[70] Hummels, D., D. Rapoport and K-M. Yi, Vertical Specialization and the Changing Nature of World Trade, Federal Reserve Bank of New York Economic Policy Review, 1998.

[71] Humphrey, J. and O. Memedovic, the Global Automotive Industry Value Chain: What Prospects for Upgrading by Developing Countries, United Nations Industrial Development Organization, Sectoral Studies Series, 2003.

[72] IMF, Global Imbalances: A Saving and Investment Perspective, World Economic Outlook, Washington DC, 2005.

[73] John, H. B. and B. D. Smith, Capital Market Imperfections, International Credit Markets and Nonconvergence, Journal of Economic Theory, 1997, Vol.73 (2).

International Trade, Journal of International Economics, 1979, Vol.9.

[85] La Porta, R., F. Lopez-de-Silanes, A. Shleifer and R. W. Vishny, Law and Finance, Journal of Political Economy, 1998, Vol.106.

[86] La Porta, R., F. Lopez-de-Silanes, A. Shleifer and R. W. Vishny, The Quality of Government, Journal of Law, Economics and Organization, 1999, Vol.15 (1).

[87] Lall, S., A. Manuel and J. K. Zhang, Mapping Fragmentation: Electronics and Automobiles in East Asia and Latin America, Queen Elizabeth House (Oxford University) Working Paper Series, 2004, No.115.

[88] Levine, R., Financial Development and Economic Growth: Views and Agenda, Journal of Economic Literature, 1991, Vol.XXXV.

[89] Mann, C. L., Is the US Trade Deficit Sustainable? ISBN Papers: 0081322644, IIE Publication. Washington, DC, 1999.

[90] Matto, A. et al., Measuring Services Trade Liberalization and its Impact on Economic Growth: an Illustration, World Bank Working Paper, 2001, No.2655.

[91] McKinnon, R., The International Dollar Standard and the Sustainability of the U. S. Current Account Deficit, Published in Brooking Papers on Economic Activity, 2001.

[92] McKinnon, R. and G. Schnabl, The Case for Stabilizing China's Exchange Rate: Setting the Stage for Fiscal Expansion, China & World Economy, 2009, Vol. 17 (1).

[93] McKinnon, R., B. Lee and Y. D. Wang, The Global Credit Crisis and China's Exchange Rate. SCID Working Paper, 2009, No.391.

[94] Mendoza, E G., V. Quadrini et al., Financial Integration, Financial Development and Global Imbalances, Journal of Political Economy, 2009, Vol. 117 (3).

[95] Michaely, M., Concentration in International Trade, Amsterdam,

North-Holland Publishing Company, 1962.

[96] Mohammadi, H., Budget Deficits and The Current Account Balance: New Evidence from Panel Data, Journal of Economics and Finance, 2000, Vol. 28 (1).

[97] North, D., Institutions, Institutional Change and Economic Performance, Cambridge, MA: Cambridge University Press, 1990.

[98] Ohlin, R. G., Interregional and International Trade, Cambridge, MA: Harvard University Press, 1933.

[99] Olson, M., Dictatorship, Democracy and Development, American Political Science Review, 1993, Vol.87.

[100] Riddle, Service-Led Growth: the Role or the Service Sector in World Development, Prager, New York, 1986.

[101] Rodrik, D., The Real Exchange Rate and Economic Growth, 2008, www.brooking.edu/economics/bpea/bpea.aspx.

[102] Rose, A. K. and Yellow, Is This a J-Curve? Journal of Monetary Economics, 1989, Vol.24.

[103] Rose, A. K, The Role of Exchange Rates in A Popular Model of International Trade: Does the "Marshall-Lerner" Condition Hold? Journal of International Economics, 1991, Vol.30.

[104] Ross, L., Financial Development and Economic Growth: Views and Agenda, Journal of economic literature, 1991, Vol.7 (7).

[105] Ruane, F. and H. Goerg, Globalization and Fragmentation: Evidence for the Electronics Industry in Ireland, Trinity Economics Papers Series No.99/11, 1999.

[106] Shleifer, A. and R. Vishny, Corruption, Quarterly Journal of Economics, 1993, Vol.108.

[107] Smaghi, L. B., the Financial Crisis and Global, Imbalances: Two Sides of the Same Coin, Europe Economic Forum conference "The Global

Financial, Crisis: Policy choices in Asia and Europe", Speech at the Asia, 2008.

[108] Stolper, W. F. and P. A. Samuelson, Protection and Real, Wages, Review of Economic Studies, 1941, Vol.IX (1).

[109] Urata, S., A Shift from Market-Driven to Institution-Driven Regionalization in East Asia, SCID Working Paper, 2006, No.303.

[110] Verdoom, P. J., the Intra-Blok Trade, Benelux Economic Consequences of Nations, London, in Proceedings of a Conference Held by the International Economic Association, 1960.

[111] Verikios, G. and X-G. Zhang, Global Gains from Liberalizing Trade in Telecommunications and Financial Services, Productivity Commission Staff Research Paper, AusInfo, Canberra, October, 2001.

[112] Wei, S. J., How Taxing is Corruption on International Investors? The Review of Economics and Statistics, 2002, Vol.82 (1).

[113] Willen, P. S., Incomplete Markets and Trade, Working Paper series, Federal Reserve Bank of Boston, 2004, No.4-8.

[114] Wilson, P., Exchange Rate and the Trade Balance for Dynamic Asian Economies: Does the J-curve Exit for Singapore, Malaysia and Korea, Open Economies Reviews, 2001, Vol.12.

[115] Williamson, O. E., Markets and Hierarchies, Analysis and Antitrust Implications: A Study in the Economics of Internal Organization, New York: Free Press, 1975.

[116] Yeats, A. J., Just How Big is Global Production Sharing, Fragmentation: New Production Patterns in the World Economy (edited by Sven W Arndt and H. Kierzkowski), Oxford University Press, 2001.

[117] Hummels, D., J. Ishii and K-M. Yi, the Nature and Growth of Vertical Specialization in World Trade, Journal of International Economics, 2001, Vol.54.

[118] Yi, K-M., Can Vertical Specialization Explain the Growth of World Trade. Journal of Political Economy, 2003, Vol.111 (1).

[119] Zietz, J. and D. Pemberton, the U.S. Budget and Trade Deficits: a Simultaneous Equation Model, Southern Economic Journal, 1990, Vol.57.

[120] B.列维 P.斯皮列尔. 规制、制度和承诺: 电信比较研究 [J]. 经济社会体制比较, 1999 (3).

[121] 白仲尧. 服务经济论 [M]. 北京: 东方出版社, 1991.

[122] 北京大学中国经济研究中心课题组. 垂直专门化、产业内贸易与中美贸易关系. 北京大学中国经济研究中心讨论稿, No.C2005005.

[123] 曹亮, 汪海栗等. 论模块化生产网络的二重性——兼论其对中国企业的影响 [J]. 中国工业经济, 2008 (10).

[124] 曹明福, 李树民. 全球价值链分工的利益来源: 比较优势、规模优势和价格倾斜优势 [J]. 中国工业经济, 2005 (10).

[125] 陈志武. 金融的逻辑 [M]. 香港: 国际文化出版公司, 2009.

[126] 杜新. 日本人是天生勤奋的吗——简析当代日本人"勤奋"特性的构建过程. 载朱建荣主编. 日本人是天生勤奋的吗——日本社会经济发展的启示 [C]. 北京: 世界知识出版社, 2008.

[127] [俄] 克鲁泡金特. 互助论 [M]. 北京: 商务印书馆, 1997.

[128] [俄] 马克思, 恩格斯. 马克思恩格斯选集 (第四卷) [M]. 北京: 人民出版社, 1958.

[129] 高波, 张志鹏. 文化与经济发展: 一个文献综述 [J]. 江海学刊, 2004 (1).

[130] 郭根龙. 服务贸易自由化与竞争力 [M]. 北京: 经济科学出版社, 2007.

[131] 郝雁. 中国对美贸易顺差与汇率之间关系的实证分析 [J]. 广东社会科学, 2007 (5).

[132] 洛夫洛克等. 服务营销 (第三版) [M]. 北京: 中国人民大学出版社, 2001.

[133] 胡超, 张捷. "服务—制造"新形态国际分工的演进及可持续性分析 [J]. 广东商学院学报, 2010 (2).

[134] 胡超, 张捷. 制度环境对不同产业外商直接投资的影响——基于美国海外直接投资的实证. 产业组织评论（第五辑）[C]. 中国社会科学文献出版社, 2011.

[135] 华民. 贸易自由化或本币升值：来自日本的教训 [N]. 上海证券报, 2010-02-22.

[136] 黄晓龙. 全球失衡, 流动性过剩与货币危机——基于非均衡国际货币体系的分析视角 [J]. 金融研究, 2007 (8).

[137] 江小涓, 李辉. 服务业与中国经济：相关性与加快增长的潜力 [J]. 经济研究, 2004 (1).

[138] 雷达, 赵勇. 中美经济失衡的性质及调整：基于金融发展的视角 [J]. 世界经济, 2009 (1).

[139] 刘凤祥. 产品构造、文化因素与制造业的国际竞争优势研究 [D]. 暨南大学硕士论文, 2006.

[140] 刘溶沧, 马拴友. 赤字、国债与经济增长关系的实证分析——兼评积极财政政策是否有挤出效应 [J]. 经济研究, 2001 (2).

[141] 刘万锋. 中国与美国和东亚国家贸易差额联动关系的实证分析：1993~2005 [J]. 财贸经济, 2008 (8).

[142] 刘钻石. 从历史角度看世界经济失衡：文献综述 [J]. 亚太经济, 2007 (6).

[143] 柳剑平, 孙云华. 垂直专业化分工与中国对东亚经济体的贸易逆差——兼及中国对美国贸易顺差的比较分析 [J]. 世界经济研究, 2006 (7).

[144] 卢锋. 产品内分工——一个分析框架. 北京大学中国经济研究中心讨论稿系列, No.C2004005.

[145] 陆铭. 调结构可从城市化破题 [N]. 中国证券报, 2008-3-18.

[146] 陆绮雯, 郑红. 克鲁格曼为何紧盯中国汇率 [N]. 解放日报, 2010-3-24.

[147] 罗长远. 成也金融, 败也金融. 载袁志刚主编. 全球金融风暴与中国经济 [C]. 上海: 上海人民出版社, 2009.

[148] 马桂琪, 黎家勇. 德国社会发展研究 [M]. 广州: 中山大学出版社, 2002.

[149] [美] 道格拉斯·诺思著. 制度、制度变迁及经济绩效 [M]. 杭行译. 韦森审校. 上海: 上海人民出版社, 2008.

[150] [美] 威廉·格林著. 计量经济学分析 (第五版) [M]. 费剑平译. 中国人民大学出版社, 2007.

[151] [美] 罗纳德·麦金农, [日] 大野建一著. 美元与日元——化解美日两国的经济冲突 [M]. 王信译. 上海: 上海远东出版社, 1999.

[152] 裴长洪. 后危机时代经济全球化趋势及其新特点、新态势 [J]. 国际经济评论, 2009 (4).

[153] 蒲华林. 产品内国际分工与贸易——基于中国贸易增长的经验研究 [D]. 暨南大学博士论文, 2009.

[154] 邱继洲主编. 国际经济学 [M]. 北京: 科学出版社, 2005.

[155] 任康钰主编. 国际金融 [M]. 北京: 机械工业出版社, 2006.

[156] 邵军, 徐康宁. 制度质量、外资进入与增长效应: 一个跨国的经验分析 [J]. 世界经济, 2008 (7).

[157] 沈国兵. 美中贸易收支与人民币汇率关系: 实证分析 [J]. 当代财经, 2005 (1).

[158] 沈利生. "三驾马车"的拉动作用评估 [J]. 数量经济技术经济研究, 2009 (4).

[159] 宋磊. 中国版模块化陷阱的起源、形态与企业能力的持续提升 [J]. 学术月刊, 2008 (2).

[160] 宋铮. 中国贸易顺差的真相 [D]. 解放日报, 2010-6-3.

[161] 孙立坚. 勿让日本"泡沫"的命运在中国重演[J]. 对外经贸实务, 2010 (2).

[162] 孙文远, 魏昊. 产品内国际分工的动因与发展效应分析 [J]. 管理

世界，2007（2）．

[163] 泰勒尔.产业组织理论［M］.北京：中国人民大学出版社，1997.

[164] 汪斌.中国产业：国际分工地位和结构的战略性调整［M］.北京：光明日报出版社，2006.

[165] 王桤伦.全球经济一体化中的国际生产组织研究［D］.浙江大学博士论文，2007.

[166] 王信.从国际视角看中国如何调整经常项目失衡［J］.国际经济评论，2005（9~10）.

[167] 王自锋，张伯伟等.经济增长、金融深化与全球经济失衡［J］.财经研究，2009（8）.

[168] 夏斌，陈道富.国际货币体系失衡下的中国汇率政策［J］.经济研究，2006（2）.

[169] 厦门大学宏观经济研究中心课题组.人民币汇率调整对我国贸易顺差变动趋势的影响——基于CQMM的分析［J］.财政研究，2007（5）.

[170] 徐建炜，姚洋.国际分工新形态、金融市场发展与全球失衡.北京大学经济研究中心讨论稿，No.C2009007.

[171] 徐康宁，陈健.国际生产网络与新国际分工［J］.国际经济评论，2007（6）.

[172] 徐平利.中世纪行会制度与职业教育的孕育［J］.教育评论，2009（5）.

[173] 许雄奇，张宗益等.财政赤字与贸易收支不平衡：来自中国经济的经验证据（1978–2003）［J］.世界经济，2006（2）.

[174] 薛昶.人民币汇率与我国国际收支变动关系的初步分析［J］.江西社会科学，2007（9）.

[175] 亚当·斯密.国民财富的性质及其原因的研究［M］.北京：商务印书馆，1997.

[176] 杨国亮，张元虹.论当代国际分工的深化及其对世界经济格局的影响［J］.当代经济研究，2007（7）.

[177] 杨一博. 中美储蓄率特征及其影响研究 [J]. 长春工业大学学报: 自然科学版, 2009, 30 (3).

[178] 杨德权, 梁艳. 金融发展与经济增长: 国外研究综述 [J]. 财经问题研究, 2005 (3).

[179] 姚洋. 改革金融体系, 治理中国经济失衡的良药 [N]. 南方周末, 2009-08-20.

[180] 姚中秋. 全球化的政治与伦理风险 [M]. 北京: 社会科学文献出版社, 2008.

[181] [英] 李嘉图. 政治经济学及赋税原理 [M]. 北京: 商务印书馆, 1976.

[182] 余永定. 中国深陷美元陷阱 [N]. 第一财经日报, 2010-5-31.

[183] 袁志刚, 张若雪. 全球经济失衡与次贷危机, 载袁志刚主编. 全球金融风暴于中国经济 [C]. 上海: 上海人民出版社, 2008.

[184] 张帆. 央行的行为、利率的作用与中国的 IS-LM 模型 [J]. 管理世界, 1999 (4).

[185] 张海霞. 东亚国际分工体系的演变——原因、特征及其实证分析 [D]. 暨南大学博士论文, 2010.

[186] 张捷. 奇迹与危机——东亚工业化的结构转型与制度变迁 [M]. 广州: 广东教育出版社, 1999.

[187] 张捷. 东亚国际分工体系的演变与中国的政策选择 [J]. 当代亚太, 2005 (8).

[188] 张捷. 产品构造、文化禀赋与分工组织——水平分工格局下贸易的形成机制初探 [J]. 新政治经济学评论, 2007, 3 (3).

[189] 张捷. 全球金融危机的根源及其启示 [J]. 开放导报, 2009 (3).

[190] 张杰, 刘志彪等. 制度扭曲与中国本土企业的出口扩张 [J]. 世界经济, 2008 (10).

[191] 张明. 全球国际收支失衡的调整及对中国经济的影响 [J]. 世界经济与政治, 2007 (7).

[192] 张明，付立春. 次贷危机的扩散传导机制研究. 中国社会科学院世界经济与政治研究所国际金融研究中心工作论文，No.0912，2009.

[193] 张少军，张少华. 中国国际收支双顺差形成的微观机理探究——基于全球价值链视角的实证分析 [J]. 当代财经，2008（9）.

[194] 张文才，秦月星. 经济全球失衡下东亚区域政策选择 [J]. 世界经济，2007（6）.

[195] 张为付. 国际经济分工与企业边界 [J]. 南京社会科学，2009（7）.

[196] 郑辉. 服务贸易与经济增长研究 [D]. 暨南大学博士学位论文，2009.

[197] 周其仁. 开辟商路是扩大内需的一个关键. 北京大学国家研究院中国经济研究中心网站，http：//www.ccer.edu.cn/cn/ReadNews.asp？NewsID＝9979.

[198] 祝丹涛. 金融体系效率的国别差异与全球经济失衡 [J]. 金融研究，2008（8）.

[199] 朱建荣. 5加2等于0，抑或5加2大于7——日本如何培养国民的"素质". 载朱建荣主编. 日本人是天生勤奋的吗——日本社会经济发展的启示 [C]. 北京：世界知识出版社，2008.

后 记

此书是在本人博士论文基础上修改完善而成。2009年仲秋，当本人开始博士论文选题时，肇始于美国的金融危机正在全球肆虐。有关企业生产经营难以维系，破产倒闭的报道充斥着各类新闻媒体。此时，金融危机爆发的原因业已成为学界炙手可热的研究内容。一种普遍的看法是，国际经济失衡是引致金融危机的主要原因。对于国际经济失衡的原因，则是各执一词，没有形成统一的认识。当时作为团队成员的自己正好参加了导师的"后危机时代国际分工发展的趋势及对我国经济影响"的课题申报，并承担了文献评述的任务。为全面准确把握已有的研究动态，于是找来各类不同解释观点的相关文献，并做了细致的阅读。在阅读梳理文献的过程中，我们发现绝大部分在解释国际经济失衡时忽视了经济失衡中的结构性特征。而结构性失衡恰恰是此次国际经济失衡中所表现出来的最显著的经济现象。即经常项目赤字的国家往往服务业占国民经济的比重高，经济结构呈现"软"化趋势；经常项目盈余的国家则制造业较发达，制造业在国民经济中占比较高，表现出较为明显的"服务—制造"分工形态。在随后课题组的多次讨论会中，我们意识到国际经济失衡可能与这种新的国际分工形态有关，但这一假设能否成立尚缺乏论证。后来，顺着这一方向探讨的不断深入，自己逐渐地对这一研究方向产生了浓厚的兴趣，并决定将此作为自己博士论文的选题。

写作过程是一个充满艰辛和激动的过程。由于是从一个全新的角度对国际经济失衡的原因进行解释，能否取得与预期一致的结果，且被接受认可不免是最终担心的。资料收集的不易、数据的庞杂、计量的内生性等，都让本人有过犹豫甚至放弃的想法。而当本书的相关章节陆续发表，并被《新华文摘》和中国人民大学复印资料期刊全文转载时，拿到期刊的那一刻，感觉所有的付出都是值得的，先前的担心和犹豫早已荡然无存。本书旨在从一个全新的视角对国际经济失衡的原因进行解释，增进对国际经济失衡的更为全面的认识。限于本人研究能力的限制，本书的最终结果与自己的预期仍有一定差距，有待进一步的深入研究。

　　本书的完成和最终付梓出版，最要感谢的是导师张捷教授。跟随张老师三年，生活上，张老师给予太多的关怀和偏爱；学术上，深受张老师的启迪，其严谨治学的态度，对学术的孜孜以求，精益求精的精神更是让弟子佩服不已。毕业了，才发现身上已经有着许多张老师带给的"印记"，它们将激励我不断求新求精求进。在暨南大学度过的五年时光，也是一生中在同一所学校学习经历最长的，感谢暨南大学为我整个研究生阶段学习所提供的机会和条件！经济学院国际经济与贸易系的其他各位老师在学习上提供了诸多的帮助和指导，在此也向他们表示诚挚的感谢！读博期间，所在工作单位——广西民族大学商学院的领导和同事给了我极大的照顾。王新哲院长与我同时进入商学院，既是领导也是我的青年指导老师。无论是教学方法上的传授，科研上的帮扶，还是鼓励我继续攀登学业高峰以及博士期间生活上的关照，都让我感激不尽。其他各位领导以及同事们的关照，让我感受到了商学院这个大家庭集体的温暖，谢谢你们！

　　对家人心中一直充满着深深的愧疚。出身农村的我，从小学、中学、大学到研究生学习的一路走来，是爸妈一直在背后激励和支持着我。他们为了儿子的学习和工作，从来都是竭尽所能，不求任何回报。博士三年，岳父母承担了家务和照料儿子的重任，使我能安心地在广州学习，感谢你们一直以来的支持！妻子默默地支撑了整个家庭，毫无怨言。结婚不久就离家到广州，我知道妻子承担了太多的家庭重担。工作上的压力，十月怀胎的不易，抚养儿子的艰辛都让她独自承受了，即使是在临盆之际为不打扰我学习，也是在儿子出生之后才告诉我。感谢妻子！眼看着儿子一天天长大，活泼可爱，自己却不能在身边陪伴他成长。我想本书的出版也算是送给儿子最好的礼物吧。

胡　超
2012年初春于相思湖畔